U0058156

教育樂章

陳倬民、連添財◎著

作者簡介

陳倬民

字卓明，廣東中山人，民國三十三年生。國立台灣大學畢業，美國杜蘭大學博士。

曾任淡江大學副教授，清華大學教授，交通大學機械系主任，中央大學工學院院長，教育部技職司、高教司司長，台灣省政府教育廳廳長，國立彰化師範大學校長，現任崑山科技大學校長。

著有《愛心與教育》、《永遠的春天‧教育理想國》、《校務行政的自律與他律》、《輕輕鬆鬆談教育》等教育相關論述。

連添財

台灣苗栗人，民國三十九年生。國立政治大學教育研究所碩士。

曾任中教研習會副主任、教育局長、高中校長、新竹師院兼任講師，現任崑山科技大學教育學程中心專任教師。

自　序

民國七十七年十月及八十年十月，台灣省政府教育廳均假豐原市中等學校教師研習會舉行「台灣省教育行政會議」，成為教育改革的先河，之後民間及政府亦在一波一波的改革浪潮中，投入了大量的人力、物力與時間。然而，在改革過程中的種種措施，諸如：多元入學、九年一貫教材、建構式教材等等，引起了基層教師及家長們諸多反彈情緒。究其主因，在於今日的教育已成全民參與之教育，人人皆關心教育發展，所有教育改革與推動教育的工作，莫不與家長和教師息息相關。故政府宜在改革的同時，深思如何讓教師發揮「教育愛」，有效地執行具有現代意義之「有教無類，因材施教」的作為；另一方面，讓家長們亦能從教導孩子中，陪孩子一起成長，消除加諸在學子身上的不當壓力。作者覺得今日人人對於教育問題，皆能暢談並提出個人看法，但如能以輕鬆的心情來談教育，成功的教育即宛如大自然的美妙樂章，事事物物均能各就其特質，與時俱進，且能欣欣向榮。教育之於全民，即是冀望精神與物質相輔相成而日新月異，並作為國家社會進步的動力。政府對於現行教育制度與課程規劃等等，有責任提出一套有效的改善措施以及完善而具體的「章法」，以作為教育工作者推動教育改革的指南，俾使改革工作得以落實。本書之出版即本此信念，對教育現況提出針砭，從哲學、行政、科學上的觀點，提出應興應革之道，特以《教育樂章》作為書名。

教育為解決人類所面臨的問題、謀求福祉、提升心智，以求精進的永續發展事業，爰以下列四大前題提綱挈領說明教育願景，供讀者參閱：

一、認清每一個學童均能學習，不放棄任何一個學生

本書由教育哲學與教育組織特性，說明人的本質及如何徹底發揮因材施教的功能，以幫助受教者心靈之成長。從教育行政行為的理念，闡述學校存在的價值，針對不同智能發展的學生，提供「有教無類，因材施教」的完善規劃，更深入淺出地道出民眾心聲。當一項新措施提出時，有關單位宜用易懂的譬喻來達成共識並探討教育問題，提供創新思維，使學生成為教育的真正主體，進而有效達成教育目標。

二、認定教育是一種終身的追求，給與所有民眾終身學習的機會

終身學習所追求的是一種品德、知能合一的全人教育。故由教育哲學與教育規劃探討全人教育的內涵，並指引如何利用各項資源，提供民眾終身學習之機會。

目前學校教育偏重結果而忽視學習過程與生活教育，造成了年輕人恐懼學習的惡果，背離了「活到老，學到老」之終身學習的目標。本書根據學習理論，強調唯有在愉快的學習過程中，在專業知識方面才能有觸類旁通的能力；在一般知識的取得方面，則埋下終身學習的種子，以達「究天人之際，通古今之變」的境界。至於品德涵養之磨練，是透過潛在課程逐步實現，學校應是

一所以「德育為重，五育並進」的全人教育場所。

三、肯定學習者的成功才是教育的成功

所謂「教權」應是受教者權益的保障而非保障教師的權利。由組織效能與管理的概念，強調以「資源分配」與「提攜誘導」為核心，建立人與人之間的共通準則。而領導者宜超越權力慾，做周詳規劃，以規劃取代權力，激發教師潛在意識，面對未來無限壓力。進一步從組織文化說明任何人要獲得他人額外尊重，唯一的狀況是實際的付出比他應付出的多；身為教師如能付出教育大愛，重視教化工作，必能受到學生家長及社會的尊敬。在課程與教學方面，介紹數種思考及訓練方法，使課程教材教法更具發展性與前瞻性。最後說明學校的任務是研究、發展、服務與教學，教師在教學過程中如何讓學生能安心學習，即使受到挫折也會愈挫愈勇；至於學生從學校畢業時應具備的能力，更是學校教育品質的保證。

四、建立「教育的成敗是全民責任」的共識

教育是全民（含社區、企業界、公共團體、地方、中央政府等）的責任，有此強烈共識，始能共同面對教育問題，共謀解決之道。在「品質為本的教育」樂章中，說明改良學校教育的良方，是靈活運用戴明（W. E. Deming）的全面品質管理策略，以促成教育品質的提升。更由組織結構、教育評鑑等觀點，說明組織的種類、任務使命及教育團體之目標等，引導學校成為卓越而有效率的組織。當學子成為社會新鮮人時，能具強烈意願去了解

未來生活的社會，進而逐步改善。教育是全民的責任，眾所期盼的是領導者能提出教育的興利作法，但教育行政組織中許多不合適的作為，讓領導者大多採取了消極的防弊措施。防弊與興利之間是否壁壘分明，亦是本書探討之重點。

校務規劃的重點是每所學校應發展學校個自之特色，先確立核心價值與目的，再建立永續經營的方法與策略。本書提供對校務之規劃有親身參與體驗的具體措施作參考。最後針對目前國內教育問題提出個人看法，而簡明的願景，透過強力的對話形成共識，主動積極的行動力則是成敗的關鍵。

作者深深以為，空有樂章無法淨化民眾心靈；唯有經由交響樂團每一份子齊心合力的演奏，才有優美的樂聲。作者衷心期盼《教育樂章》一書能扮演實現這份理想的橋樑，唯利用公務課餘撰寫，疏漏不周之處在所難免，尚祈專家學者、讀者先進，不吝賜教指正。本書蒙本校視傳系陳儒毅老師設計封面，並由范振寶主任秘書校對，特此一併致謝。

陳倬民

連添財

民國九十二年六月

於崑山科技大學

目　錄

第一樂章

品質爲本之教育

一、前言

在二十世紀即將結束之際，世界各地均熱烈地討論如何把握即將流逝的數年歲月，去開創更美好的二十一世紀。日本早在一九八四年便由首相中曾根召集四十五位社會菁英組成「臨時教育審議會」，並在三年後提出了一份報告，擬訂了具體改革重點；而美國的布希總統也在一九九〇年於參、眾兩院聯合會議演說中，揭示了全美教育表現目標，期使美國的教育表現在二十一世紀時能領先群倫。

中華民國台灣省教育廳曾在民國八十年初（一九九一年）召開具歷史意義的「台灣省教育行政會議」，會議中歸納出六項教育目標：⑴所有台灣省的兒童均能在入學前做好學前的各項準備工作；⑵國中畢業生將至少提高到 90 %以上都能進入高級中等學校就讀；⑶確保學生在各學科方面的成就，才能保證教育品質；⑷每一個成年人除能讀寫算之外，還能履行公民的權利與義務；⑸每所學校均能免於毒害及暴力，並提供有助於學習的有紀律環境；⑹要使學校教育成功，我們的眼光必須超出教室，投向家庭與社會。從以上的資料中可了解，未來教育的重心將是如何去實現教育品質的保證。

品質運動的創始者戴明所提出的戴明觀點（Deming dimension），其十四點管理原則成功地應用在日本產業界，使日本製品品質大逆轉，從低劣轉為優質，在二十世紀後期憑著品質形象橫掃整個世界。日本並在一九五一年創設了戴明獎，成為企業界爭取的最高榮譽；另外，周仁（J. M. Juran）亦在日本大力倡導全面品質管理（T. Q. M. / C. W. Q. M.）的理念，貢獻卓著。

全面品質管理（T. Q. M.）的理念在九〇年代逐漸地被教育學者引進學校，進行校務品質改進，例如：哈瑞利等人（Horine, Hailey, Rubach, 1993）針對公私立學校推動全面品質管理報告；底考斯摩等人（De Cosmo, Paker, Heverly, 1991）亦探討 T. Q. M. 在學校進行的狀況；李歐納（Leomard, 1991）、豪渥（Howard, 1993）、夏格爾（Schargel, 1993）則分別針對戴明管理原則、全面品質管理在學校的應用作深入討論。

全面品質管理已廣泛地將學校視為一個系統，並比擬成工廠，用來改良學校的教育，而且獲致明顯的成效。但為求教育品質更進一步全面地改善，筆者發現學校教學工作僅是整體教育系統的一環：各級學校教育所教導出來的學生，在進入高一層的學校時，便成為另一階段的原料；而成年人在完成教育之後成家立業，其子女又成為新的一代，而這新的一代其兒童期間受父母言行的影響甚鉅。故對教育工作者而言，僅將學校比擬成為一系統進行改革，似乎只做了部分改善，而應驗了「片斷的改革不足以帶動全面的革新」這一句話，因此提出以「品質為本之教育」的概念（quality-based education）。

二、教育系統與品質管理原則

依目前社會狀況，教育系統包括下列五個次系統：⑴家庭與國民教育間之幼兒教育；⑵國民教育；⑶中等教育；⑷高等教

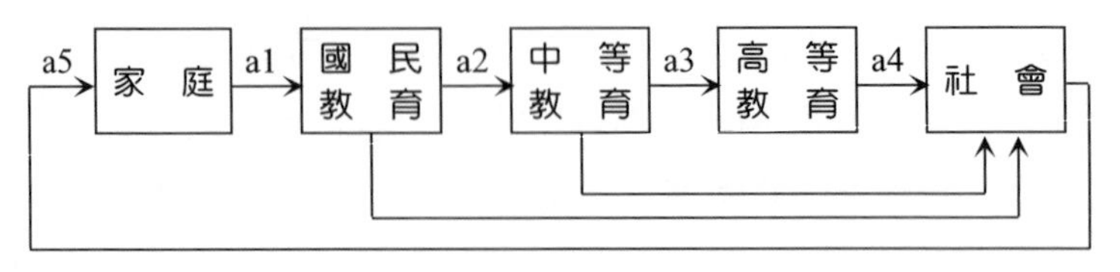

圖 1-1

育；⑸社會中的終身教育。其中除國民教育為義務教育（強迫、免費、一般性課程）外，其餘均為非義務教育。

全面品質管理的重要原則與教育系統如下：

原則一：以過程的品質管制取代成品之品質管制。

在教育系統內不單去了解各級學校畢業生之表現（如：升學率、就業率），更應重視各類學校對校內每一位學生，如何促使其學業及心靈不斷地成長。

原則二：下一個過程爲前一過程的顧客。

1.教育系統中，高一級的學校、社會及家庭均應被視為前一級的顧客。

2.在學校中，高一年級的教育需求為低年級教師務必了解且全力以赴的目標。

原則三：產品品質的保證是企業全體人員的職責。

教育品質的良莠是社會全體人士的職責，於此觀令下，方能將家庭、學校、社會緊密結合。由本文中的教育系統圖（圖 1-1）中可了解，教育系統之品管有別於一般企業，因為人的社會是生生不息的，當個人完成基本學校教育進入社會組織家庭後，其第二代又進入學校體系。

原則四：在此一循環系統中，教育品質如能獲得保證則爲良性循環，否則則爲惡性的循環。

三、教育品質之提升

㈠品質的觀念

1.對社會、家長的直接品質：學生的學習過程及成效。

2.對社會、家長的間接品質：教育工作人員本身的工作態度。

㈡總體性觀念

1.從上而下的品管措施

決策者如沒有「品質為本之教育」（Q. B. E.）的概念，教育改革工作是無法成功的。在教育改革的內容中，由上而下的工作應著重大學學制的改革，以導引上游各級學校的改善。

2.從下而上的品管作為

由下而上的品管即是品管圈的活動，其基本重點包括：

⑴謀求教育本質（教材、課程）的改善。

⑵尊重學習者的個性，創造一個學習環境。

㈢各次系統的改善與分析

1.國民教育階段

⑴教育重點

應具備成為現代公民的基本技能。

①能以口頭及書面表達自己概念的能力。

②能與別人合作的能力。

③能規劃自己時間、工作和將來事業的能力。

④能透過組織激發個人學習動機的能力。

⑵**階段目標**

培養心胸開闊、體魄健全且具豐富創造力的國民。

⑶**特性要因圖**

研擬因材施教具體作法，創造一個學習環境導引兒童樂於學習。

①由上而下的檢討規劃：以教材的多樣化來符合學童的個別興趣。

②學校的配合措施

⒜編班：依學童的興趣採「分群常態編班」。

⒝評量：評量的方式及標準應依學童而異，做自我比較和自我學習，進而達成評量中有鼓勵，也能教導學生從挫折中學習奮發之道。

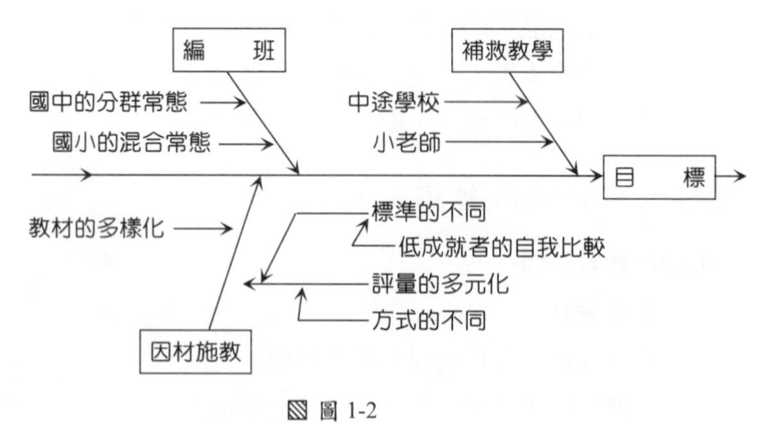

圖 1-2

2. 中等教育階段

⑴教育重點

在於啟發每一個個體的潛在能力，並做好試探教育工作。

潛在能力包括：①語文能力

②數理能力

③空間認知能力

④音樂美術能力

⑤表演藝術能力

⑥領導能力

⑵階段目標

培養愛好自由並能自治、自律而體認社會責任的青年。

⑶特性要因圖

中等以上教育屬於非義務教育階段，在學制上並沒有強迫學生入學的動力，故此時之工作重點，首先在於照顧各種不同族群孩子的入學及就學（註：族群——全時與在職學生、高中與高職學生、偏遠與城市兒童、身心健全與殘障青少年、興趣與天賦不同的孩子等）。

①由上而下的檢討規劃：各族群的孩子有同樣就讀各類學校的機會；即不同性向的孩子有同樣（非數量上的同等）就讀一般高中高職的機會。

②學校的配合措施

(A)評量的多元化（同前國民教育階段學校的配合措施之評量方式）

(B)課程的多樣化：配合社會未來的發展及學生潛在能力

的表現，決定各校招生的對象，且能以此建立各自的特色。

(C)學制的彈性：可以照顧各不同性向中低成就的孩子，使其在學校及社會之間有互動的機會，如：延教班的階梯式課程結構。

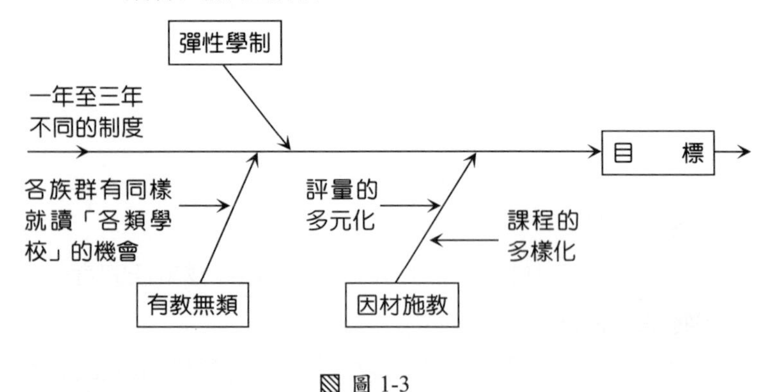

圖 1-3

3. 高等教育階段

(1)教育重點

使學生成為具備通才能力、博學多聞、品德高雅的社會中堅人才。

(2)階段目標

培養具有國家民族觀與世界觀的中華兒女。

(3)特性要因圖

無論就讀高級中學或高級職業學校的學生，均有同樣的升學或進修機會；同樣地對在職青年提供暢通的深造管道。

①由上而下的檢討規劃：各族群的學生有同樣就讀各科系的機會。

②學校的配合措施

⑷評量的多元化（同前國民教育階段學校的配合措施之評量方式）

⑸學程的多樣化：在教學上除了定量設計的學習外，更著重定性設計的教材。譬如：電腦邏輯線路外，尚有電腦與音樂、電腦與美術的課程設計，並可將目前大學入學方式「多樣」的作法，由智育評量延伸到體育、美育、群育上，達成「多元」入學的方式。

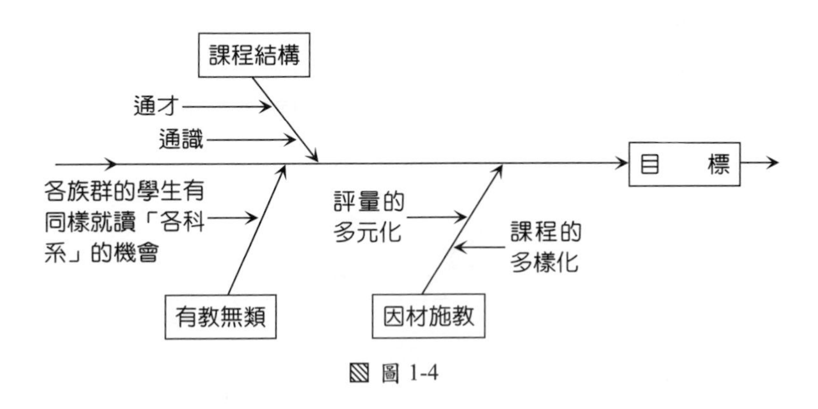

圖 1-4

4.社會教育階段

⑴教育重點

除了成人識字教育、第二專長生計教育外，更應加強推動社會的通識教育，以提升民眾對藝術、醫療、科技、哲學的認識。

⑵階段目標

培養民眾追求真、善、美的人生境界。

(3)特性要因圖

當個體進入教育體系後，如能感受到學習是件愉快的事，自然地會持續學習而實現「活到老，學到老」的學習行動。在一個已開發國家中，文盲的定義似應從不具讀、寫、算能力提高到音樂、美術、電腦等等能力的不足，即所謂的「功能性文盲」。

①由上而下的檢討規劃：提供終身教育學習的機會。

②社教機構的配合措施

(A)成人的識字教育及對延後就學者提供再就學的機會。

(B)面對工商社會的急速轉變，人的一生中將有多次轉換工作的機會，故應給與成人學習第二專長的機會。

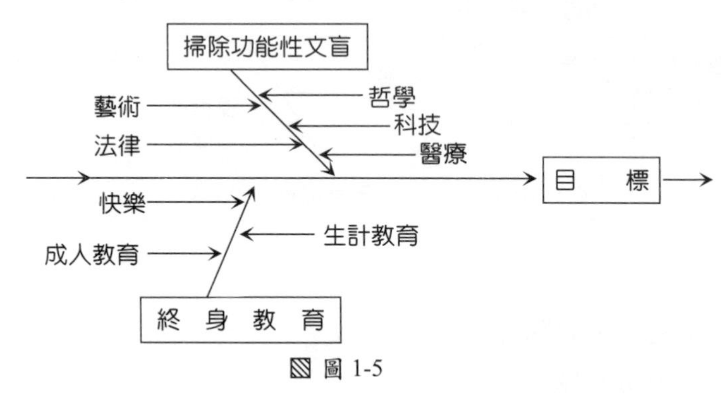

圖 1-5

5.家庭教育階段

(1)教育重點

幼兒正常的生活習慣，基本的人際溝通工具的運用。

(2)階段目標

使父母能成為孩子第一位稱職的老師。

⑶特性要因圖

幸福婚姻為所有美滿家庭的基礎。過去對兩性教育較偏重在生理方面，今後應加重在心理方面及性教育與婚姻關係。

①由上而下的檢討規劃：提供對幼兒成長、嬰兒心理、衛生保健正確的認識。

②國民小學的配合措施

⑷提供社區服務，使學校與社區相結合，促成親子及婚姻教育的落實。

⒝擴大幼兒教育設施。

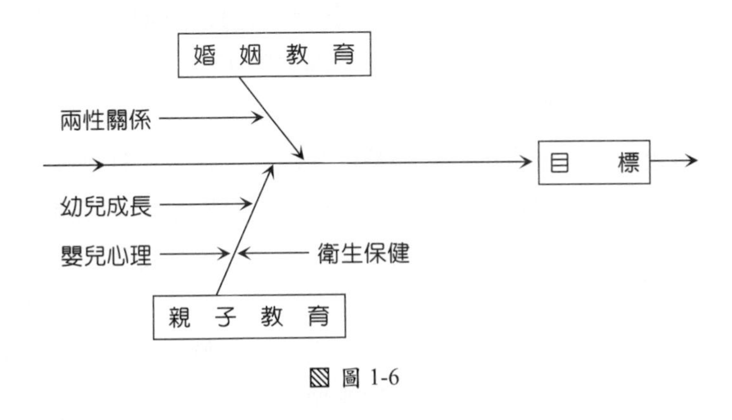

▧ 圖 1-6

四、結論

從教育品質提升的角度來檢視教育興革，可以歸納出數點建議：

㈠在延長義務教育的政策上，應著重在幼兒教育應納入正規教育體系之中，並給與父母親正確的育嬰認識。

㈡教育改革應著重於各次系統內部的改善。

㈢教育的最終目標是為社會中的各行各業培養各種人才，故在非義務教育階段應重視各種人才的入學就學。

㈣教育工作者的責任在於塑造一個優良的學習環境，使學習者能從學習中得到快樂。

㈤教育系統為一循環系統，故不能放棄任何一個孩子，否則會造成系統的惡性循環。

總之，「品質為本的教育」其目的在以全面教育品質的提升，來達成「有教無類」的理想。過去用法律及政策、強迫及規範的方式，讓學童接受義務教育；而在未來非義務教育階段，能做到照顧各族群青少年的入學及就學機會，就是「有教無類」的具體作法。再經由各級學校徹底實施「因材施教」，使處於國民教育階段的孩子得到應有的照顧；進入中等教育及高等教育的階段時，學校又能為社會培養出各種人才。今後吾人若能時時以品質為念，處處以品管施教，相信必能百尺竿頭更進一步，完成教育品質提升的使命，達成「有教無類」的理想。

（本文經整理後與梁彩玲小姐共同發表於香港中文大學英文版的《教育學報》。）

第二樂章

教育與行政管理

一、前言

從人類學的觀點而言，人之所以異於萬物，在於其能自立而行。人類由於母性的骨盤產生了變化，而縮短嬰兒在體內成長的時間。當嬰兒出生之後，因為缺乏獨立生活的能力，故需要較長時間的學習，方具備求生之能；並在自立而行之後，雙手得以解放，能使用工具。故透過學習，一則可以傳承經驗，再則可以集思廣益。因此，有許多位先知對教育提出了廣泛而周延的看法，如：杜威（Dewey）便認為「教育即生活」，其意旨在說明教育內涵是無所不包。當筆者有機會負責推動教育行政工作之際，便常思考著：「要以什麼作為階段性的目標？」根據美國羅斯福總統所言：「視你所在，以你所有，盡你所能」的三句話來看，「視你所在」——其意係指了解現今社會最急迫的需求是什麼，再結合杜威提出之「教育即生活」的理論——生活離不開人群，而人群的互動溝通十分頻繁，在溝通的過程中卻是有捨有得，這種捨與得和每個人的心胸是否寬厚有關；當一個社會中之成員心胸開闊，彼此信賴，才能和諧共處。由此觀之，接受教育的目的，似乎很適合以「擴大受教者心靈的彈性」為目標。

教育的對象是眾人，在人與人之間必然有一些共通的準則需要建立，於是自然而然形成行政管理體系。有關管理制度形成的過程，本章將以「資源分配」為核心的由下而上，及以「提攜誘導」為核心的由上而下兩者分別詳加敘述。

二、教育

㈠定義

增加受教者心靈的彈性。

㈡對象

所謂受教者係指廣義的群眾。譬如：教師之工作重點在於教導他人，但亦有所謂教學相長；何況人應活到老學到老，從教學相長的觀念而言，即是「教育上的學到老活到老」，因此受教者必是全民。

㈢愛

愛是滋養個人及幫助他人心靈的成長，這種協助完全是發自內心的一種主動積極的態度（註：取自 M. Scott Peck《心靈地圖》一書）。

㈣教育即是「愛」

派克（M. Scott Peck）認為愛是為滋養個人和他人心靈成長，進而擴充自我的意願，此即為「真愛」的最佳詮釋。此種愛並非如某些父母僅努力賺錢，供孩子成長所需或個人的揮霍；亦非如學校中某些老師要求孩子多背數個單字、片語、公式而已。教育的真愛是幫助受教者學會一套方法去克服疑難問題，從此自己可以安心學習；更能學會如何去生活，如何去愛人。故真愛有別於一般人所謂付出時間、金錢來供養他人或肉體之愛。

㈤愛的三個層面

第一個層面：對他人付出時間、金錢，供養其身體的成長。

第二個層面：幫助他人心靈成長，而這種幫助並非主動的。

第三個層面：幫助他人心靈的成長，完全出自一種主動積極的意願。

目前我們的社會絕大多數還停留在第一個層面上，這種愛是膚淺的、不真實的。

㈥真愛的實踐

幫助他人成長的方式有下列三種：

1. 如君王一般，首先求其自我實現，然後帶領他人成長。
2. 宛若船伕一般，搖著船與大眾一起成長。
3. 像牧羊者一般，先將羊群趕到彼岸，而後自己登岸，達成自我提升。

在「真愛」的世界裡，人人均不斷地自我努力，然後再如君王般去幫助他人，方能收到事半功倍之效。

三、行政管理

㈠由下而上形成的管理方式

以資源分配為主要核心，強調「一個組織的領導人，對被領導者之合理需求，給與合理的滿足」。此時領導人最重要的工作，是如何在有限的資源之下，在眾多人群共同需求之時，去判斷決定眾人所提出的需求是否合理。

如果是合理的需求，則透過分配的工具（措施），給與群眾合理的滿足。

㈡由上而下形成的管理方式

以提攜誘導為主要核心。組織的領導人應具備慧眼，指出方向，即所謂「提攜誘導」的能力。領導人更要為組織訂定願景，形成共識，誘導執行。

綜觀上述，行政管理的目標達成與否，分別涉及下列相關事項：

㈠組織之要素

包括成員、共識、規範指令、職務與共通資訊。

1. 成員：構成組織內部最基本的要素。參與組織的成員，視其性質有可選擇性的成員，如：學校；及不可選擇性的成員，如：家庭。

2. 共識：一個組織中應具有一種共同努力的方向及目標，其方向目標應具簡單明瞭的特質，方能凝聚力量。
3. 規範指令：透過組織中法令與命令的規定，要求成員必須接受共同遵守的法則。
4. 職務：組織成員的職務分工，成員的地位、角色、職務與責任，明確可行，則有助於領導與指揮，俾使指令能夠貫徹，故分工是為了合作之方便。
5. 共通資訊：由於組織的性質不同，產生不同的資訊流通，如：學校流通的訊息必然與教學、研發、服務等有關。

(二)領導人

所謂領導人是「真正決定什麼該做，又能具體實現之人」。在教育行政組織中，如：教育首長、校長、院長、系主任、老師等等，這些都是屬於領導人階層。本文所言之領導人，有別於管理人，管理人係騎著馬帶領一群隊伍前進之人；而領導人則是牽著馬與隊伍一起同甘共苦之人。

(三)被領導者

行政管理中，一個組織群體除了少部分的領導階層外，多數均為被領導者。被領導者的個體既然為人，則人的分類可依國父孫中山先生所言分為三類：「人可分為三類：一是先知先覺者；二是後知後覺者；三是不知不覺者。」先知先覺者，會主動積極依組織共識之規範，謀求自我實現；至於不知不覺者，則是在被動牽引下作業；而後知後覺者即為一般所言之廣大群眾，主動不足，也不願被牽著行動。故以管理的對象而言，應是要用心思去誘導及滿足後知後覺者之合理需求。

㈣合理

合理的意義在本書後面的章節「人的本質」一章中，言及「有意識的為我」與「大眾利益」之交集，稱之為合理。

㈤需求

可分成社會的需求和受教者的需求兩種。

1. 社會的需求：在科技快速變遷的年代，社會上對學校所培育出的青年，希望他們具備快速學習及清晰思考的能力 。
2. 受教者的需求：期盼透過學校教育，使其具備⑴豐富的知識；⑵熟練的技能；⑶解決問題的智慧；⑷高尚的品格；⑸成熟的情感。

四、共識

美國艾森豪總統曾言：「Plans are nothing; planning is everything」，「plan」是指計畫、措施、方案等層次；「planning」則是整體的規劃或政策。整體規劃應具備簡單明瞭的原則，而非面面俱到的方向與目標，方能形成特色，進而成為誘導組織成員全力以赴的指標；有了指標，透過成員間相互的對話，形成共識，進一步建立組織文化，讓整個組織或單位動起來。目前國內教育組織所見到的工作，只屬於計畫層面，如：多元入學方案、自願升學計畫，而看不到教育政策及整體規劃。至於如何進行校務之整體規劃，則留待第十五樂章再詳述。

五、教育體系之演進

(一)中古時代

歐洲中古大學，如：巴黎大學、義大利之勃隆那大學，當時係為了滿足貴族子弟之需要而設置，教學科目以文雅科目、哲學、人文社會和宗教科目為主，其教育目的在於培育貴族子弟之高雅舉止，故教育之內涵以博雅教育為主幹。

(二)十九世紀時代

德國的外交官洪博德創立柏林大學，為了獨樹一格，滿足先知求知之需求，將學校內涵由教學活動擴充為知識開發的場所。

(三)二次世界大戰以後

美國為了照顧參加第二次世界大戰的退伍軍人，在國會通過「退伍軍人法案」，於各大學擴充其學域，讓退伍軍人到職場工作之前，能先到學校習得一技之長，開啟為了社會需求服務的概念。

㈣現在

由於科技的快速發展、終身學習之急迫性，學校的服務對象不再單一地為適齡的青年，更要為廣大超齡、未及時接受過高等教育者（回流教育）及已接受高等教育者，提高其學習機會。再者，學校為滿足民眾之需求，一定要不斷地提升，而形成全民大學。

六、教育的主導者

根據上述教育體系的演進，各時期的大學扮演著不同的角色，它們各都具有明確的需求，以適應時代及社會的需要。為進一步了解其主要的推動力量——主導者，下列擬以宗教、國家、企業等不同面向說明之。

㈠宗教

早期西方政教合一，為了傳播教義及貴族子弟之高雅舉止，教育機構、宗教也是合一的，學校主要的功能是以宗教為導向。

㈡國家

十七世紀末，美國在其獨立宣言中明白揭示政教分離後，開啟了國家透過立法主導教育發展之先河。

㈢企業

由於今日社會急速地擴充與發展，過去政府從無所不包到小而美，龐大的組織實難面對今日多元且變化快速的社會要求。過去學校多採常態曲線理論從事教學工作，此一常態分配想法，實有違企業界高標之思考模式。在政府無力導引之下，將由企業主導教學觀念之改革。

七、教育政策

㈠分類

1. 一流政策：能為未來預謀對策。
2. 二流政策：設法解決當前的問題。
3. 三流政策：今天的問題留到明日。

過去教育之特性是教導青年學習成熟之知識，為明日的工作所用，故主政者在教育政策上務必要具有先知之能，擬訂出一流的政策，方能破解教育之潛在特性，而發揮教育功能。

㈡教育政策研判

採取「品質為本之教育」一章中之四原則，逐一核對，再進行比對，分出其優先順序（優劣），作為決策時之依據。例如：延長國民教育有兩種方式，一為延伸至高中職；另一為向下延伸至幼兒教育。以上兩案依原則二（下一個過程為前一過程之顧客）來看，也就是說高中職為國中之顧客，或國小為幼兒教育之顧客。顧客概念即是顧客永遠是對的，以此原則分析，應是國小期望幼兒經良好的培育再入學，而不是國中問題無法辦理而延至高中職。

本案如再加入目前人類對幼兒腦細胞的發育研究觀之，五歲前幼兒頭部有一半的腦細胞已發育完成，在此時如能建立一套良好的機制，則對每一幼兒之健全成長將大有助益。

八、結論

教育是透過個體自我心靈的成長，進而協助同儕、朋友、子女、學生等之心靈成長，以充分展現出一個具有「真愛」的社會。

教育行政的管理主事者，一定要充分了解大眾的需求；而另一重點在於主事者是否具有高瞻遠矚的眼光，才能真正扮演「提攜誘導」的角色。

第三樂章

人的本質

一、前言

無論從教育或行政管理的角度而言，其對象均為人。故人之本質是什麼，應先進行分析。由於東、西方文化形成的過程不同，針對人之本質所進行的教育與管理，在作法上亦有差異。今日我們無法評判誰是誰非、孰好孰壞，而應從如何截長補短的態度論之。在本章中引用了物理學中之第二熱力學定律，針對東、西方之作法加以分析討論。

在探討人之本質是什麼之前，似乎應該先探討下面幾個問題：

㈠人能否改善本質？

㈡應依照怎樣的價值觀念？

㈢人是否生而平等？

㈣人在智能上、性格上有根本的差異嗎？

㈤人的智能、性格如有差異，我們應採取怎樣的態度？

以上五個問題，筆者認為：

㈠人的本質可以改善提升。

㈡由每個人的長處著手（就是要因材施教）。

㈢人生而不平等（家庭的外在因素，如：社經地位；家庭的內在因素，如：組成的成員等）。

㈣人的智能、性格根本上是有差異的，例如：在智能方面，人類在七種不同的智能表現上，各自有不同的潛能；在性格上，如染色體之結構不同或是腦波異常，亦會造成性格上之差異。

㈤我們應徹底地發揮因材施教之功能，以真愛幫助受教者心靈成長的態度為之。

二、人的本質

常言道：惻隱之心，憐憫之心，人皆有之。近年來，心理學家針對嬰兒在育嬰室聽到其他的嬰兒哭泣之時，也會跟著一起哭的現象，認為這是一種「同理心」的展現。這裡的惻隱憐憫是對他人的一種表達行為，故可稱之為「公眾」之心，亦可以說是一種「自覺地為他」。

嬰兒出生後，當其有空腹之感時會發出哭聲，顯示其求生的本能，這種本能是為了自我的需求而表示，亦可以說是一種「有意識地為我」。

人自出生後，歷經二十多年的學習，方能成熟，這二十多年中主要學習兩件事：一為學會做人，二為學會做事。

㈠做人方面：自古以來，我們的社會係透過儒家的思維（孔孟思想），將人納入「道德層域」去歷練，以達到能不經由思慮，便能自覺地為他，亦即是一切為「公」利著想。

㈡做事方面：我們可藉助韓非子的觀點，將人納入「功利層面」的角色來運作，以達成有意識地為我，也就是為求個體之生存，而謀求「功」利。

做事方面所強調的是角色功能，其實每個人在不同的時、地、事，所扮演的角色各自不同，有時是主角，有時是配角。例如：老師在教室上課時，是扮演主導的角色；而回到家裡則是父親（母親）、先生（妻子）等等不同的角色。因此在管理上，當上司對其部屬的工作表現不滿意時，係針對部屬所扮演的角色不稱職而給與訓勉，切記在訓勉的過程中，不可侵犯其個人尊嚴。

人必定要與人群居，而群居的生活應有分工及合作，分工的目的是為了合作。而在分工的過程中，每個人必須各自扮演不同的角色，不應事事均爭取主要角色而不願演配角，如此會造成我們的社會缺乏團隊合作的精神。其結果一則是各機關或團體缺乏重點及特色；再則不可能會有傲人的研究、開發、生產之成果，整個社會失去生產力。在一個生產力低落的社會中，貧富之間的差距亦會日益擴大。

三、東西方之差異

㈠從文字的結構觀之

1. 東方文化的代表為中華文化，而中華文化的發源地為黃河、淮河流域。由於兩河常有河水氾濫，造就了一塊肥沃的土地，在這兒群居的民眾，只要努力耕耘必然有所獲，自然形成了「只問耕耘不問收穫」的生活態度。更由於土壤肥沃，物產自然豐富，人與人之間的溝通，很自然地以他們日常所見之形畫成圖案，逐漸地形成以象形為主發展而成的方塊文字。
2. 西方文化的發源地為美索不達米亞、土耳其半島、伊朗高原南部至波斯灣，即現在大部分的伊拉克領土。當時的蘇美人在泥板上刻畫出的楔形文字，最初具有象形的意味，後來由於表音的功能逐漸加重，而使之具有音節文字的特性。換言之，此地區一則臨海，再則陸地的資源不夠豐富，在此地生活的民眾，其食物的取得乃來自海上或來自狩獵，形成了由青壯之人先取得食物的狀況。當部分人擁有食物時，如何分配到整個部落？另外，當時人類對天文之變化或對猛獸之了解不足，出海或狩獵後並非每次均有所獲，有時甚至無法返回原部落（海難等等），在這樣的組織中自然地形成：⑴講求效率；⑵重視分配；⑶尋找心靈上的寄託等特質，故其在文字的演進過程中，走向了符號（字母）的方向。

㈡從作爲方面觀之

1. 東方文明可以舉孟子的一段文字作為代表：「天將降大任於斯人也，必先苦其心志，勞其筋骨……，所以動心忍性，增益其所不能。」也就是由做人的基本面著手，培養開闊的視野、心智。
2. 西方文明著重對有限資源的分配，此正是管理的要義：「使團體內的個體，其合理的要求得到合理的滿足。」也就是由做事的基本面切入，使民眾逐漸了解何謂合理的需求，人應守分，以達凡事不以個人為出發點之做人要求。

四、譬喻

人生而有為他人之心，也具備為己求生之欲；而欲望中又可區分為合理的需求與不合理的需求。如圖 3-1：

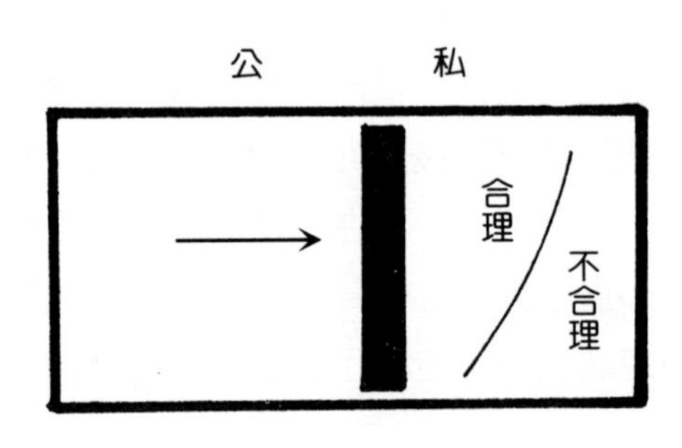

▧ 圖 3-1

人之內在好比一個方盒子，中間的一塊隔板將為「公」及為「我（私）」分開。東方之教育重點放在「公」部分之擴張，即隔板向右移動，然而從物理學的基本原理得知，如此是無法達成平衡的；隔板向右移動後，右方的壓力增大，必然又將隔板推向左邊。如教育以此為唯一的措施，最後終將一事不成。並且從孟子之言中也知道，要能有成，務必達到「增益其所不能」，何謂「增益其所不能」？有如圖 3-2。

為了阻止隔板之回移，唯一的可能便是經過苦練，而促使剛體變形。在這裡有兩點是值得注意的：㈠只有將接受大任之少數能夠有成；㈡左移的部分中，不合理的需求就好像一顆不定時炸彈般，有引爆的可能。至於如何透過西方之管理與分配原則，將

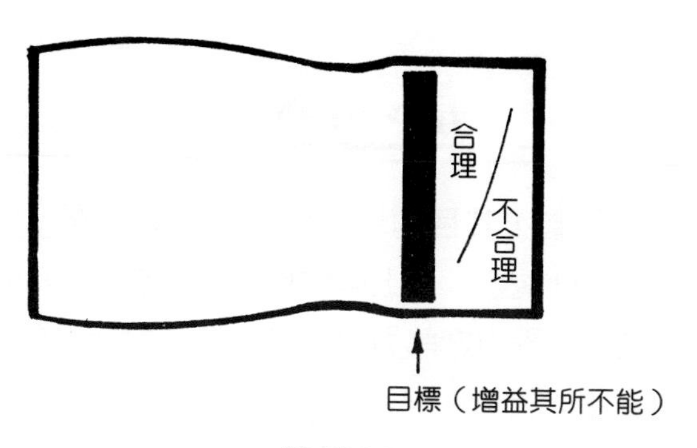

▧ 圖 3-2

做事原則引申到做人方面，可用圖 3-3 加以說明，即是只有將原有之方盒子由密閉的狀況改為開放狀況，再經由生活中的歷練，了解不合理的要求必然永遠無法滿足，並且逐漸地由內心中排出。當「私」部分排出了部分元素時，中間的隔板則會向右移動，而擴展「公」部分的領域。

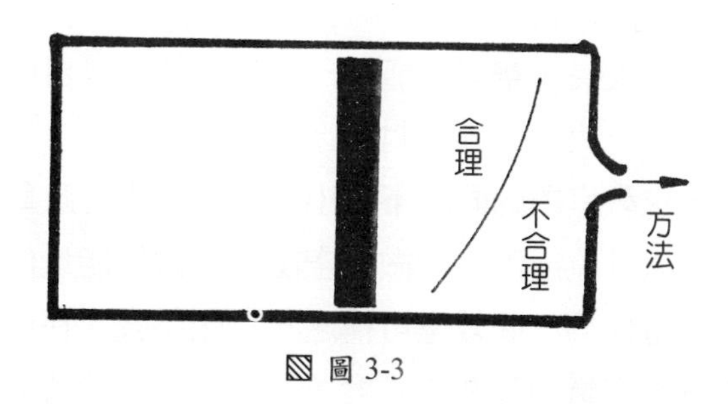

▧ 圖 3-3

五、分析

前節之不同作為，其目的均是要擴大「人本質」中之同理心。如從教育的角度觀之，以上兩種作為，何者成功的機會高、效率大？以下運用科學中之熱力學第二定律（討論自然界任何變化運行之方向）加以說明。

熱力學第二定律——在一絕對封閉的系統中，任何措施均會造成「熵」值（entropy，符號為 S ）的上升，即 $\Delta S \geqq 0$ ；唯有所採取的措施是絕對的完美，方能維持「熵」值之不變。

「熵」是一個十分抽象的量，在管理學上可視為「混亂度」，以一間上課用的教室為例：

㈠系統：教室內的配備、老師、學生自成一個體系，與教室外有不同的功能，故此處之教室可稱之為一個系統。

㈡開放／封閉系統：

當教室內之人員、空氣、能量，與教室外可以自由流動時，稱之為開放系統；反之，則為封閉系統。

當老師要求教室內的同學不得出入，又要求行政單位密封所有可能造成空氣等流出流入的微小空隙，並做好能量傳出傳入的防制工作等，這樣的一間教室可稱之為封閉系統。在此系統中，有一台儀器測定空氣中灰塵的濃度（混亂度），此時老師要求室內的一切均是靜止狀況，如：人員有如木頭人一般，不得有任何動作；一段時間後，儀器上所顯示的灰塵濃度的值達到穩定，也就是地面上揚的灰塵與空中下落的灰塵達到平衡。如此時老師要從教室的一端走向另一端，除非他的動作有如木頭人一般，花費數年的時間去完成，方能保持儀器上顯示的濃度值不變，否則該值便會上升（打破了平衡）；也就是說，欲改善室內空氣中灰塵的量，在封閉系統中是無法達成的。此時如允許室內外空氣的流通，則會產生下列幾種情形：

1. 室外的空氣不良，則造成室內的空氣品質下降。
2. 室外與室內空氣的灰塵濃度一樣，則只能維持濃度值。
3. 室外的空氣品質優良，能提升室內的空氣品質。

由上可知，在封閉系統中，要降低混亂度（熵值）是不可能的，但在開放系統中，也要視所採取的措施是否慎重、完善，才有機會改善。

由熱力學第二定律得知，如我們的教育方式採圖3-1的作法，則無論在做人或做事方面，任何一項均不可能成功。故孟子說只有少數人也許還有機會，如（圖 3-2）所示。因此，我們的教育唯有在一個開放的系統裡，採取因材施教、妥善的教法，方能讓年輕人成材成器。如採取西方的教育，工作重點在於排除個體內心不合理的需求，在表面上、形式上，在做人方面似乎有相輔之效，但如能把東方的切入點擴大為「公」的部分，再輔以排除「私」中不合理的需求，同時進行，最後應有相乘的功效。

六、做人與做事的關係

《大學》一書中提到修齊治平的道理，係強調先格物致知進而修身再齊家，方能治國平天下。也就是說，格物、致知、修身為做人的層面，當這方面有成方能進入社會做事，服務人群；即做人為做事之基礎，兩者是先後的關係。然而近年來兒童心理學家認為，嬰兒受其他嬰兒之哭泣而產生同理心，這種同理心是「為他」的潛在意識，而這同理心的引發，乃是現今的成長環境與過去不同。嬰兒出生不久，在育嬰室就開始像在一個小社會中生活，與他人接觸而相互影響，因此孩子的成長，是一面學習做人的道理，一面處理與同伴間的活動；故做人與做事之間，似乎像樹根與樹幹的關係，由根部吸收水分、養分，供枝葉行光合作用，經光合作用所吸收的能量，又提供根及幹之向下及向上成長，兩者相輔相成。

今日的教育如採東方的作為，就好像只供給根部水分及養分，而將這棵植物置入暗房中一般，缺乏陽光；如採西方的作為，又像一棵植物雖有充分的陽光，但缺乏水分及養分，有如沙漠中的植物，結果其枝葉會變成細小的針狀。

回到圖3-3，我們很容易知道，如能一方面將隔板向右移動，另一方面又協助受教者排除（抽出）心中不合理需求的想法，這樣就像樹的根與幹一般，兩者相輔相成，必能發揮事半功倍之效。

七、結論

在教學的過程中，我們看到西方的狀況，思考鄰近的日本，回顧過去的我們，歸納出以下的原則：

㈠模仿「西方模式」中的效率。

㈡學習「日本模式」中的紀律。

㈢揉合「中國人性格」中的厚道。

筆者並以律己之座右銘與讀者共勉：

㈠做人

1. 養心──應信釋家的超脫。
2. 待人──應守儒家的忠誠。

㈡做事

1. 治事──應持法家的嚴明。
2. 事業──酌用兵家的權變。

第四樂章

組織與使命

一、前言

在前一樂章中介紹了人的本質，知道人有利他性亦有自我性。從人的成長過程中也了解，人需要相當長的歲月方能自立謀生，因此人類過的是一種群居生活，此種生活必然形成組織。組織之形成因素不一，組織之任務亦互異。本章中將討論組織的種類、組織的任務使命、組織之敗亡及教育團體之目標。

教育機構中，學校、行政體系應是什麼樣的組織？其任務使命應是社會中各類組織的指標。因為學校是青年成長的必經之路，如何喚起教育工作者再振作之心，呈現卓越有效益的組織，方能引導社會新鮮人具有強烈的意願，去了解他未來生活的社會，進而逐步改善，亦將是本樂章之目標。

二、組織的種類

組織之分類方式甚多，但不論什麼樣的組織，大約有 90 % 左右的問題是共通性的，如：人事等等；然而即使是少部分的差異，亦會造成很大的影響，就如人類之基因，雖然與黑猩猩之差異只有 1.6 %，卻有著全然不同的生活方式。故組織目的不同，分類亦隨之改變。

(一)依組織存在目的區分

1. 功能體組織：為達成外在的目的，故具有經濟屬性，例如：

政府、企業、學校等等均屬之。其中，政府是為保護百姓且提供應有的服務；企業是貫徹正業且追求適當利益；學校則提供學習，提升人力素質。

2. 共同體組織：為滿足成員需求，故具有社會屬性，例如：各種學術團體、同鄉會、校友會等等均屬之。這些組織中的成員均具有某種共通性，如：某所學校畢業、出生地相同、所學相同（例如物理學會）等等。

由於目的不同，組織中之領導人所應具備的條件也就不同。在功能體組織中之領導人以能力為取向；而共同體組織中之領導人則以人緣為取向。

㈡依組織利益爲決定因素區分

1. 營利性組織：從事牟利活動。例如：各生產機構透過產出轉換成利潤，並設法不斷地擴展其規模。
2. 非營利性組織：以點化人類為目的的事業（提供的是脫胎換骨的個人）。依據管理大師彼得杜拉克（Peter Drucker）的看法，在一九八九年，每兩名美國成年人就有一名每週撥出至少三小時擔任義工，預計在一九九五至二〇〇五年，約有三分之二的成年人每週至少花五小時擔任義工。杜拉克視非營利性組織為能塑造公民精神的機構，他甚至認為非營利性機構未來將和政府簽約，擔負起社會工作的責任。

不論如何分類，決定組織規模的要素有：⑴人數；⑵資產；

⑶資訊的多樣等等。每一要素又可分為定量與流量：⑴定量：員工人數、純資產、知名度、信用等；⑵流量：往來顧客數、營業額、自己蒐集和他人提供的資訊量等。

三、使命

無論組織之屬性如何，均應有其方向。其中非營利性組織，因為志工們不支薪，他們反而更需要從工作成就上獲得滿足，也就是該組織之目標應簡單又明確，讓負責執行的人員可以毫無困難地遵循。

㈠三要件

美國羅斯福總統曾說：「視你所在，以你所有，盡你所能」，這短短的十二個字，已道盡如何著手進行規劃的要領。

1. 視你所在：即是外界的機會和需要，屬於知彼的部分。
2. 以你所有：即是本身的優勢、能力，屬於知己的部分。
3. 盡你所能：確認自己的信念，全心投入。

㈡呈現的方式

1. 訂出面面俱到的辦法，希望做盡人間所有事。
2. 宣示性的文詞，如：多元化、民主化、人本化等。
3. 簡單明確的方向，再經由強力的對話，而形成組織內部的共識。

以上的一、二兩點顯示，若組織的領導人缺乏自信會使組織失去方向；且若無著力點，以致無法與組織內人員對話來建立共識，當然無法讓人員動起來，結果造成事事被動。

㈢舉例

1. 非營利機構

⑴西點軍校：培養出「能贏得部屬信任的領導者」的能力。

⑵彰化師大：

①重視學術對社會責任的一所全人教育一流學府。

②為社會或學校培養優秀領導人才。

⑶女童軍：幫助少女建立自信，讓她們成為自重且尊重他人的能幹女性。

⑷自然保育協會：企圖保護日漸稀少的動植物。

⑸救世軍：幫助被社會棄絕的人（酗酒者、罪犯、遊民等）過正常的生活。

2. 營利機構

⑴杜邦：從事化學聚合物的研究——尼龍。

⑵寶鹼：重視產品品質。

⑶ 3M：重視企業精神。

⑷ I. B. M.：重視尊重個人、服務顧客、優異表現。

⑸惠普：重視創新。

⑹迪吉多：未來是系統的時代。

⑺摩托羅拉：強調自省、放眼天下、謙虛和融。

⑻新力：

①提升日本文化和國家地位；成為拓荒者——不追隨別人；做不可能的事；鼓勵個人能力和創新。

②提升科技來增進大眾福祉的喜樂。

(9) AT&T：

①確保每一個美國家庭及公司行號都能夠裝設電話。

②無遠弗屆。

(10)通用汽車：

①成為陸上動力運輸設備的領導者。

②文化卡。

(11)英國航空：成為全球最受歡迎的民航。

(12)中鋼：

①十年前為「鋼鐵生產者」（量產）。

②五年前為「鋼鐵供應者」（顧客）。

③三年前為「亞洲材質供應者」（跨行）。

④目前強調「材料、服務、智慧」。

(13)默克製藥：

①重視企業的社會責任，公司在各方面絕對追求卓越，以科技追求創新，誠實和廉潔，從有益於人類的工作中追求利潤。

②延續並改善人類生命。

(14)西爾斯百貨：對美國家庭善盡告知義務的採購者。

(15)馬克史賓塞百貨：建立全英國第一家對不同階級出身的購物者一視同仁的零售商。

(16)德意志銀行：願意貸款給一般創業者。

四、規劃

㈠願景

依據管理大師柯林斯（Collins）所撰寫的《基業長青》一書中之分析，一所具高瞻遠矚精神、能永續經營的機構之願景，應包括：

1. 核心意識

⑴核心價值：當情勢改變，因堅持本價值而受苦受難，仍願保持下去的方向。

⑵核心目的：公司若不存在，對世界會有什麼損失？

2. 可預見的未來

⑴十年以上具體、詳細、明確的工作目標。

⑵生動文字的描述：當朝向前三項工作努力後，這所機構的遠景圖像。

㈡模式

1. CIPP 模式

CIPP 原為評鑑的一種模式，在此借用其說明願景，即 C（Context）相當於核心意識；I（Input）相當於未來十年以上將投入的人力、物力、財力、法規……等所欲達成的具體目標；P（Product）為預期成果。俗語說：良法美意不可能自行，故第二個 P（Process）即是執行的細則，此細則之理念為維持一個組織的持續改善。

2.戴明循環／席瓦特循環

日本人將原有之席瓦特循環（Shewhart cycle）：Plan－Do－Study－Act之順序調整，並將Study改為Check，而形成戴明循環：Check－Act－Plan－Do，（CAPDCA……）。日本企業認為，當一位新上任的企業領導人主持一個已存在的企業，應採CAPDCA……方式切入，方能快速提升績效；作者認為，如找一位領導人去創建一個新的機構，則採PDCAPD……方式，方能順利運轉。

一所學校、企業之成功，首先要有前瞻的願景，然而更重要的是如何執行，在此借用評鑑的模式，其意義在於自我期許、自我比較，才有可能持續改善，而不至於陷入不進則退的困境。

五、績效－生產力

一個單位之績效應以其生產力為指標，即投入與產出的比例。教育單位不宜也不應標榜各自的競爭力，在達爾文的進化論中有所謂優勝劣敗，但教育團體有如文化團體一樣，贏者全勝，也就是說，教育團體均應是一流的品質。不論公私立學校，如因競爭力弱而遭淘汰，依目前的法律，其產權應交出來，供教育主管單位或地方政府處理，然而在人性使然的狀況下，多採苟延的態度，而將這塊土地延續，讓學校在極少數學生在學的情況下保存，造成機會成本的浪費。故在現況下，學校之有形無形資產均屬公共財，我們應揚棄競爭的概念，而促使所有學校生產力的提升。當一所學校的主持者（董事會、校長）缺乏永續經營、高瞻遠矚的眼光時，就應予以改組；尤其應讓大眾了解私校非屬私人所有，其重大決策（董事會之召開）應透明化，方能有效提供下一代一個清新的學習環境。

每個民眾生產力的高低，是影響社會財富分配是否平均的重要因素。一般而言，社會中較貧窮的一群，也正是社會應予關注如何提高其生產力的一群。生產力可分為三類：

㈠數量上求表現

凡事物具有簡單的標準時，可用數量來判斷生產力，如：旅社、醫院中內務的整理，對床上的物品要求標準非常明確，我們要判斷服務人員的生產力時，就以每單位時間所能完成的床數為基準。

㈡質量並重

例如百貨公司的銷售員，其工作並非單一的銷售物品，更重要的是如何行銷、如何接待顧客。

㈢品質即表現

教育旨在提高受教者心靈的彈性，心靈方面應以「止於至善」為標的。故從事教育工作者，如：老師、行政單位主事者，本身在質的表現上就應高人一等，至少要做到重視對學生的教化工作，而後方能得到學生、家長、社會的尊敬，而不是因為身為老師，很自然地去享有「尊師重道」的榮耀。

六、功能體組織之敗亡

教育單位屬於功能體組織形態，並且其生產力之認定為品質之優劣。雖然不主張學校間因競爭而有優勝劣敗，但督導單位如何去鑑定一所學校是否具有永續經營、高瞻遠矚的條件，可至少先從以下的基本要件觀察之：

㈠是否背離成立的目的

學校是一個教育單位，不應像是傳道式的補習班，或是訓練專門技術的職業訓練場所。目前各級學校似乎成為升學考試的機構，這樣的形象即已偏離正軌，如：⑴軍隊在擴大軍人的幸福；⑵政府機構為官僚謀求福利；⑶爭取人權而轉為利權。

㈡組織倫理的頹廢

1. 年資主義：在功能體組織中，各級行政主管應以能力為任用的準則，不應以年資作為選才的標準。
2. 隱瞞實情：組織發展的過程中，必然會遇到瓶頸、困難而產生問題，要解決問題最基本的是要能將問題清楚地陳述；敘述得愈完整，即幾乎能解決一半的問題。當實情不明、問題不能獲得解除時，組織功能自然不彰。
3. 均等主義：所謂賞罰分明，有功勞者方能得實質的獎勵，如：升遷、獎金；有苦勞者最多只有口頭上的嘉勉。

七、結論

交響樂團為一藝術團體，要能蓬勃發展，其唯一的作為是具有高水準的表演能力。要達到一流的水準，其基本要件有：

㈠高品質的團員：在組團時經過多重的篩選，完全排除人情而靠實力。

㈡樂章：一位指揮要如何去詮釋一首音樂作品，完全呈現在樂譜中，樂譜是全體遵循的依據。

㈢紀律：即使在練習時，每位演奏者皆須完全依樂章進行，否則會受到指揮或其他團員之責備。

㈣強烈的意願：所有團員一則為了生存，再則為了榮譽、為了興趣、為了敬業，而全力合作，追求完美，方能發揮最好的實力，贏得最高評價。

學校的組織也應與交響樂團一樣，以目前言之，學校組成的成員素質應高於一般組織，但其他三項有待充實。基本上，教育單位缺乏一完整可循的樂章，校內個自為政，紀律蕩然無存，將學校推向一流水準的意願不強，是故現今的教育行政單位、學校，均有深入檢討之必要。

第五樂章

溝通與領導

一、前言

在前一樂章中，將學校與交響樂團做了一個比較，樂譜由指揮確定，由於團員的高素質及高意願，便能了解指揮所要詮釋的意義。在紀律的層面中，他們自律的力量高於他律；他們的顧客群是社會大眾；他們的成就是社會的資產。近年來學校中，學術自由走向了行政決策的自由；校園民主、教師治校走向了多數決，而忽略了學校是一所行使同意權文化的機構，以至於學校內缺乏樂團中的樂譜，雖然素質不差，但追求一流品質的意願不強；再加上政治惡鬥，學校裡的紀律蕩然無存。絕大多數私校董事會將校產、學雜費收入視為私有財產，社會大眾也不了解法律（私校法）的內涵，再加上行政體系缺乏視野，每日忙於危機處理。處於目前的時空，只有冀望有高瞻遠矚眼光者，能夠超越權力欲，做周詳的規劃，以規劃取代權力，激發教師潛在意識，來面對未來的無限壓力——網路大學之成型。

二、溝通的著力點

由於組織中之分工管理在縱面形成了高低的層級，在管理經營理念中認為，各層級間的差距維持一個「常數」，故最容易提升組織的方法，是提高下一層級主管之績效，而不是面對組織內所有的成員。在此知識經濟時代，所有基層員工的素質、知識水平日益提高，員工們能運用其認知，在工作上做出判斷。綜合以上的因素，近年來組織之扁平化，便成為企業機構努力改造的方向。在此要強調的是組織應盡可能的扁平，而非無條件的扁平化。高層主管要去提升下一級主管之績效，便產生了溝通技巧的問題。教育系統中，在組織上有行政單位及教學單位，故校長與教師間的溝通，宜藉由行政或教學單位主管為之，校長應將學校規劃出的願景，透過與單位主管強而有力的對話為之。

三、領導與管理

㈠領導者

有如造鐘者一般，了解社會需要及喜好，製造一座時鐘，為組織確定方向，使之能永續發展且欣欣向榮。

㈡管理者

是一位不斷提醒同仁什麼時候該做什麼事的人；當其不在位時，就像停擺的時鐘一樣。故管理者所扮演的是一座報時器。

在一個組織內，主管如果是一位領導者，則此單位是人各其位，主動積極地做好本分的業務，並且也會主動去協助同儕；主管如果是一位管理者，該組織的效率也許不錯，但會缺乏效益：該組織的運作正常，卻無法持續發展。管理者經常存有迷思，希望自己是位具魅力的偉大領袖；反之，領導者卻是以人類渴望而製造出具理想和價值觀的精神時鐘。

領導者應是一位具備助人成長的能力和真愛的教育家、思想家，更是一位實行者。

四、領導力

㈠領導力是價值觀、信仰、方法的綜合體

領導人要能「視你所在，以你所有，盡你所能」地去了解社會之所需，整合出社會的價值觀，透過強而有力的對話建立共識，而形成信仰，還要知道切入的方法，而不是給人一種高談闊論吹噓者的形象。

㈡領導力通常從憂患、困苦中養成

俗語說：「經驗是解決問題的燃料」。人類在困苦時，方能激發其創造力。我們由腦細胞之結構了解，一千億個腦細胞中儲存了許許多多的資料，而細胞間靠連結樹構成網狀，每個細胞可發出約五千條連結樹，引用創造工學思考訓練法，就是將人類與要解決的問題緊密掛鉤，才能透過連結樹，將資料貫穿激發出創意。所以學校在培育青年時，雖然鼓勵十分重要，然而提供一個困境使其能自我成長，也許對領導力的提高更有助益。

五、領導風格

㈠栽培型

策略由各單位擬訂，培育機構的價值觀、行為和態度，栽培成員達此目的者。例如：過去教育部為了從事國民外交，將民間藝人（功夫、民俗舞、魔術、雜技……等）組成綜藝團至美加等地區表演，此一臨時組成的團體，要共同生活的時間約半年，成員中對國民外交之共識不易建立，缺乏相互內聚力，生活習慣迥異，學識參差不齊，行政人員亦抱持出遊心態，故先天上便是一盤散沙。當一位領隊被任命時，針對這一群沒有規範，紀律、生活態度不夠嚴謹甚至散漫，而共同生活時間只有半年的團體，他首先要了解這樣的團體應注入什麼，方能安然渡過所面臨的困境，並且順利達成任務。當時正值中美斷交之時，故在建立此行的價值上，顯然是較容易取得認同，然在生活及紀律上，則需要建立規範及教導如何去克服在美加六個月的飲食問題和基本禮儀。也就是說這樣的一個組織，需要的是一位栽培型的領隊，與團體成員同甘共苦。

㈡專家型

負責選擇磨練加強機關某種專長，成為致勝利器者。例如：教育部中之技職司，其主管之學校類型複雜、專業性強，但缺乏方向。這樣的技職司則需要一位能強化組織的司長，將組織定位為學習型組織，不斷吸引新知，鍛鍊同仁如何協助所屬學校擬訂中長程計畫，最後促使技職教育的全面發展。

㈢改革型

生存靠不斷創新者。例如：教育部的高教司，高教司被視為首席司，應為部內各司處之表率，高教教育本身就是要培養出一批具有創新能力的青年。而主管高等教育的人員本身如觀念守舊，不具創新性，則無法達成其應有之使命。如高教司組織分工雜亂，對私校之補助缺乏原則，一切作為完全因人而異。故需要一位改革型的領導者。

㈣策略型

擬定測試及設計執行機構長期策略，掌握資源的運用，以達最佳績效者。例如：廢省前的省教育廳為一執行教育部政策的單位，似乎只須等待奉命行事即可，但其管轄的各級學校資源不足，境教不彰，甚至危險老舊教室充斥，缺乏長期規劃。這樣的教育廳需要一位善用資源，能改善校園學習環境，確實建立零基及績效預算制度，規劃出各級學校（高中職、國中小）長期發展策略，改被動為主動，並且能掌握品質的教育廳廳長。

㈤掌控型

致力於擬訂、溝通、監督的控制系統，使成員有一致的行為，讓顧客滿意者。例如：國內的師範體系，其畢業的學生是各級學校的老師，社會上對老師的期待甚高，理應是屬於掌控型的機構。

以上五種不同的領導風格，不是在強調某位領導者屬於哪種風格，而是指出各單位機構因時因地需要什麼樣風格的領導者。一位卓越的領導者應視環境的需要，扮演適當風格的領導者，也可以說，卓越的領導者要像孫子兵法中所言「水無常形」般去做應做的事。

六、歷練

領導能力是屬於哈佛大學心理學家嘉德納（Howard Gardner）所述的人類七種智能中的一種，除了天才型之外，也與其他智能一般可經由教育歷練而成長。對青年培養約有下列數個階段：

㈠接受領導

1. 服從：此期間內心要有心理準備，對任何要求要絕對服從。

2. 信任別人：所謂不合理的要求是磨練，故對不合理的要求，應認為他人無害人之心並信任他。

3. 獨立思考能力：能分辨合理、不合理及如何反應。

㈡直接領導：站在第一線發號施令，例如：部隊中之班長訓練下屬。

㈢間接領導：承上啟下，居間傳達或轉達指命，有如排長般的角色。

㈣行政領導：綜合、協調、蒐集資訊，策訂戰術、戰略。

以上四個階段屬於技術做事層面，而對於領導者做人的要求也應與日漸增，故在道德的層次上，可分為下列四層次：

㈠認知：人生而具備惻隱、利他之心。

㈡基於個人利害而遵守道德原則（正義、慈悲）：人人遵守規範，而相互獲利。

㈢因為滿意遵守戒律所得的結果：這個結果是可信任別人，以至於在互信的原則下，使得人的生活方式更合乎人性。

㈣自動自發：法律是道德的最低規範，也就是說道德應超越他律，而朝向高標準的自律行為。

七、結論

美國艾森豪總統曾言：「Plans are nothing; planning is everything」。管理學者也提出計畫的八大定律：

㈠期限延誤、預算超出、人員變動。

㈡目標不清。

㈢會出差錯。

㈣容許變動時，其變動率會超出計畫進度。

㈤舊有的缺點改正後，還會有更難發現的缺點。

㈥未仔細設計，將要多花三倍的資源；仔細設計，也仍須多花兩倍的資源。

㈦只完成 90 %。

㈧無進度下，厭惡提報告。

由以上可得知，當有了整體規劃時，執行單位如進度落後，會是在一種戰戰兢兢的情況下出席工作報告，這種不安的心境，正是領導力的來源。領導者為達到此一境界，也須經過下列三個階段：

㈠讓部屬依指示辦事：領導者下達簡單明瞭的指示，讓同仁依圖施工。

㈡建立工作流程相關的手冊，讓同仁依序行事。

㈢建立長遠的願景：經由強力的對話，形成組織內的共識，讓組織充分主動的動起來。

領導者進行溝通的目的，就是在形成共識後，組織在有方向下，會主動積極發揮其應有的功能。

第六樂章

防弊與興利

一、前言

在前文中所提到的規範，一方面是對行為的最低要求，一方面有止於至善的最高境界，在世界大同的理想尚十分遙遠之時，社會組織（含教育團體）必然會有相當多不合適的作為，以至於領導者會採取一些防弊措施。而對被領導者而言，所期盼的是領導者所提出的興利作法，這兩者之間是否壁壘分明，是本章中所要探討的重點。

文中以生活中有關交通管理的措施，對國內外的作法做一分析，提供給領導者從事興革的參考。

二、法、日的交通措施

㈠日本

在一九八三年，機械工程師學會受省公路局之委託，引進電腦自動化車檢系統。機械工程師學會組團前往日本實地了解設備規格、操作狀況及其原始構想。

1. 車檢系統

當時日本對自用小轎車有定期檢查之要求，不論新舊車輛一律每兩年送檢一次，並且車檢的工作，採逐步開放方式給民間代檢單位。而那時在車檢的設備方面，政府機構均採自動化的設施，而民間卻未必如此。

2. 疑問

⑴代檢單位之工作認真性？（是否會放水？）

⑵每兩年檢查一次是否過少？（當時日本國內五年內的新車每年檢查一次，五年以上的車每半年檢查一次。）

3. 防弊措施

⑴日本政府要求凡送往民間代檢車廠檢查之車輛，如發現有任何不良之狀況，如：剎車力不足、前輪定位不佳等等，均採立即維修方式處理。也就是說，當檢查完畢也是維修工作完成之時，此時車主將會拿到一張汽車出急診的高額帳單。

⑵每兩年檢查一次的目的，即培養車主的一項基本認識：車子開了兩年應進廠好好維修一番。維修後的車輛，車主大多數要求維修單位能取得政府的自動化車檢處的通過證明。也就是說，政府雖期盼逐步開放給民間，然而車主仍希望接受政府單位的檢驗。

4. 結果

⑴正確的維修概念：車主在車子該送檢前應先維修再送檢（徹底的維修，甚至底盤還要清洗，以方便驗車），而養成車輛的安全是本身最好保障的好習慣。

⑵自動車檢處之安全：民眾每兩年去一次自動車檢處，當面對無人操作的設備時，經常不知所措；甚至因操作不當而損害了公物。車主為了確認維修工廠的品質，由維修工廠執行專人送檢，一則這些人熟習自動化設備之操作程序，而確保設備之妥善運作；再則又創造了許多就業機會（日

本國內稱之為車檢黃牛）。

㈡法國

1. 市內遠光燈的開放

法國的巴黎及許許多多大城市內，均有相當數量的建築古蹟，以至於其市區內的道路呈現輻射狀。一般開車的習慣是先找到標的物，而後依地圖找到主幹線，再依路標找尋要去的目的地。在夜間無法看清路標，如開放遠光燈則可解決此項困難。

2. 十字路口的燈光號誌

一般交通號誌均採紅、黃、綠三個同樣大小、亮度的三色燈，而在法國的十字路口卻出現黃綠兩燈之大小只有花生米般尺寸的紅綠燈，且其位置設在道路之分隔島上，高度如目前國內高速公路儀控系統之高度，任何一方只能看到一座燈光號誌（如圖6-1）。

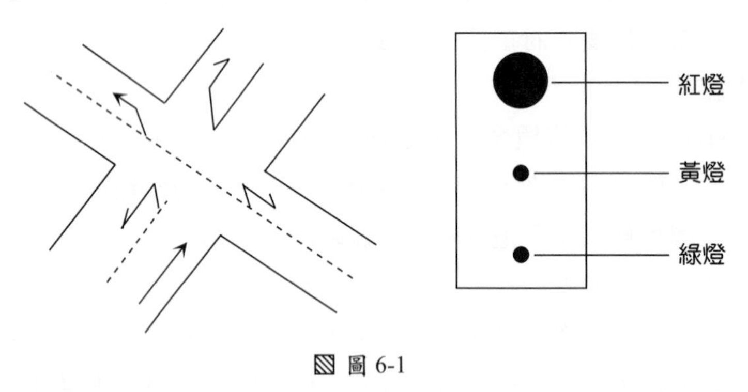

圖 6-1

3. 防弊

⑴開放遠光燈之使用，會造成對面車輛或同方向前面車輛駕

駛之視線不清，此時如要求所有車輛前燈之燈罩一定要採黃色罩面，則可同時解決因迷失路標而造成車輛在市區內打轉而形成的交通壅塞，也解決了視線不明的問題。

⑵當黃、綠兩燈的大小縮小後，駕駛在不確定是綠燈或是黃燈（紅燈是明顯的）的情況下，行近十字路口時只好減速慢行。

⑶當駕駛行近十字路口，只能看到一座紅綠燈時，一則可防制超線而闖入黃線區；再則看不到橫向的燈光變化，而防制了兩方搶黃燈的行為。

4.結果

⑴路網雖呈輻射狀，卻不會因路標不清而造成交通混亂。

⑵號誌的設計，防止了搶黃燈的行為，由於不確定感而形成車至減速禮讓之效果。

⑶紅綠燈的高度低於兩公尺，維修方便，燈面上也不須加裝套筒，尤其可供有颱風地區的我國深思。

三、管理與道德

㈠對象

依中山先生認為人可分為：⑴先知先覺；⑵後知後覺；⑶不知不覺三種。

交響樂團的成員應屬第一類，此類之優秀人員在組織內會主動依照願景中之方向積極自我要求，自我實現；而不知不覺者，多半是尾隨者，他們缺乏主見，也不屬於多聲音者；而廣大的群眾屬於後知後覺，缺乏主動，易被分離、挑撥。領導者應花費大量的精力、時間在這群廣大的民眾身上，進行溝通引導。

㈡方式

在第二樂章中提到，管理上一是由上而下地進行誘導；二則由下而上地給與合理的滿足。誠如英國牛津大學政經系第一位教授西尼爾所言：「財富的追求，對廣大的群眾而言，仍是道德改善的最大泉源。」

道德原本是超越物質的東西，然而談道德問題如只停留在認知層面（目前國內狀況），而未進入第二階段——因遵守約定而受益之實質層面，則無法去享受體會滿意戒律則可信任別人，而生活在一種合乎人性的生活方式，當然無法達到自動自發的境地。

對先知先覺者採提攜導引方式，點明方向，目標便已達成，學校內的成員應屬於這一群。然而在民國六十三年底《中央日報》文教版報導指出，當時三十五歲以下，85 %以上的人們有輕微的精神分裂症，無法控制不愉快的情緒。這篇報告發布之後，並未得到社會的重視，近三十年來變本加厲，社會上充滿著情緒問題，其中以民意機構之表現可明白問題之嚴重性。也就是說，我們的學校早已無法被視為由先知先覺所組成的社群，這是值得憂慮的。

對廣大的群眾而言，依西尼爾教授的看法就是以「財富」對其進行誘導，而此處之財富並非一定是金錢，也可以是一種「機會」。例如：火車站出現搶位子的狀況（電氣化前），當電氣化後，運輸能量提高，取得位置的機會增加，並且行駛的時程縮短……等等，均有助於火車站內秩序或禮讓上車的情形出現。

(三)防弊未必不能興利

1.由日本的車檢防弊措施看其結果，不僅養成了民眾對安全的認知，亦提供了就業機會。

2.法國的黃色車頭燈，解決了車輛在路上打轉、駕駛視線不明的問題；十字路口燈光號誌的設計，防止了闖紅燈、越線等違規行為，進而養成了禮讓、節省耗材（黃線區的塗料……）、容易維修等等效益。

為什麼同樣源自於防弊的起點，以上的這些措施卻同時提升了民眾的生活水準，而我們的措施無法一舉數得？可以說是領導者是否「用心」所致。

四、結論

(一)奉獻

經國先生曾講了這麼一個故事：過去有一位農夫遇到一個難題，而到廟中許願，如菩薩保佑，事情順利解決，他願意將他最重要的耕牛奉獻出來。後來事情很順利地解決了，他為了還願，將家中的牛及雞一起牽到市場去賣，而標價是「雞」一百銀圓，「牛」一個銀圓，條件是牛、雞要一起買。事後農夫到廟中奉獻出一個銀圓。公務人員（含教師）對社會的奉獻是應如這位農夫一樣嗎？有所保留而另作防弊措施，或是全心奉獻將防弊措施做到極限而產生興利效果？

㈡目標與負重

一位苦行僧帶著一位小和尚提著行李四處布施。沿途小和尚不斷地喊累要休息。此時老和尚見到村口有位少女，便上前去搭訕，出口時用了些輕浮的語句，當少女不悅而大喊：「有花和尚」時，老和尚拔腿便跑，小和尚緊追在後，一段路程後，老和尚問小和尚，累不累？小和尚卻回答還好。為什麼？這乃是心中希望趕快遠離村落，避免被追趕，而忘掉行李重量所致。

領導人指出目標，全心投入，從除弊而能提升到興利，此乃為領導之精髓。

第七樂章

有教無類，因材施教

一、前言

近十年來，教育行政單位陸續推出了數項工作計畫（方案），例如：自願升學方案、多元入學方案、綜合高中計畫、九年一貫課程等等，其原意在解除各級學校教學、招生所造成青年不當的心理壓力，及五育中獨尊智育的現象，是標準的除弊措施。然而，執行至今弊端未除，反而每況愈下。其基本問題在於，一則這些措施屬於計畫層面，而無規劃方面的政策；再則用心不足，造成社會不安，在提出方案時缺乏周密性、前瞻性、配套措施。以多元入學而言，其重點在於照顧智育（目前考試的焦點）之外，在體育、美育、群育方面有成就或喜好的青少年如何入學，入學後如何能按部就班地學到做人做事的基本能力。其配套措施，應是各校特色的建立，讓學生知道如何選校，學校也能依其特色而選擇適當的學生，更重要的是各校應有個自的因材施教辦法。但目前所推出的多元入學方案，實質上是「一元多樣」方案——依舊以智育為唯一選才標準，只是有多樣（種）的入學方式（管道）。

又如自願升學方案的目的，一則要打破明星學校的迷思，再則要在校內推動所謂的有教無類。如社會中只有極少數的明星學校，會扭曲教育的價值觀，要打破迷思卻也有違人性力爭上游的本性。然學校之存在價值在於每所學校因其不同的特色，教育不同智能的學生，而成為名校；至於在校內推動有教無類，是否將有教無類與因材施教兩者間的關係顛倒，則有待釐清。

二、義務教育

㈠有教無類（方法）

自從美國在獨立宣言中提出政教分離後，開啟了由政府主導教育的新頁，確定人人有受教育的權利及義務，並透過立法強迫人民入學，與孔子「來者不拒」的有教無類作法不同，而採取了更積極的作為。

在此階段，重點工作是量的規劃，如：學校數及容納的學生數、教室的數量及教師的人數。這些工作均為地方教育行政機關的責任，此階段之特色是屬於有形的措施，學生的入學是量的問題。

㈡因材施教

1.教材多樣化

每位孩子的智能表現、生活習慣、個性均不一樣，在強迫入學後，學校及教師最重要的任務，就是如何以孩子某方面的優點為教學的切入點，使他喜好、願意學習，這就是所謂的建構主義教材教法之精神所在。過去社會中，部分教師被家長請到家中教子女讀書，曾有這麼一個故事：一位富有的員外，其長子經多位教師教導後仍不能將入門的《三字經》學會，這位員外便以重金方式徵求人才。一位秀才前來應徵，當這位秀才經初步對孩子有所了解後，計算約需半年時間可成，決定全力以赴，並對員外提出要求，在這半年期間不可干擾他如何教學。秀才老師知道孩子喜歡做泥土，便陪孩子製作四百七十二具不同造型的泥娃娃，最後導引孩子為這四百七十二具泥娃娃命名，將《三字經》的內容建構在娃娃的身上，終於成功教會孩子。故在此階段首要的重點工作為依孩子的興趣著手，老師們經由集體協商，分工合作編定教案，分享個別的教法及獨特的教材。假以時日，每位老師手邊均擁有豐富的資料，也就是所謂的教材多樣化，去面對多樣興趣的孩子。既然教材教法各有差異，接著要有的認知，便是學生學習成效的評量。

2.評量多元化

學習之評量在⑴方式上：針對不同的學生有不同的教材教法，因此方式上自然會有不同，如：口試、筆試、實作、表演、撰寫報告……等。⑵標準上：校內的評分目的，不在分出學生之優劣，而在於學生該學會的會了沒有，故其結果：⑴在分數分布上應偏高分分布。⑵各生的學習成效，應以自我比較為之，而力求學生不斷地進步。⑶進行補救的學習。

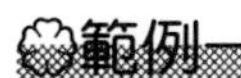

範例一

請參考美國科羅拉多州的措施——

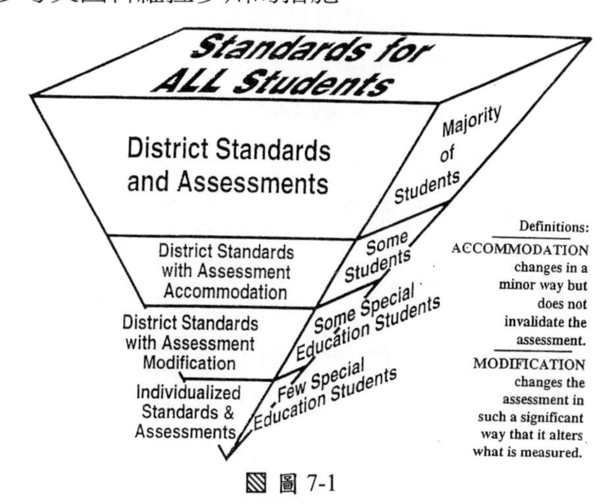

圖 7-1

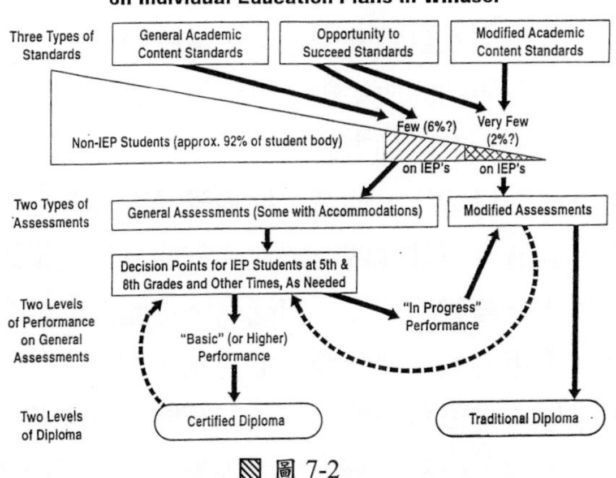

圖 7-2

範例二

崑山科技大學之高爾夫計分法——

⑴目標明確（球洞、旗桿）

⑵標準清楚（標準桿、碼數）

⑶差桿計分（自我比較）

⑷放鬆（全身、心理輔導）

㈢有教無類（理想）

經過強迫入學及教材教法的多樣化、評量多元化的因材施教後，義務教育階段的目的，在於使每一位學生均得到應有的照顧，故此時孩子心靈的受教是無形的，更是質的提升。此階段的有教無類，有別於第一階段的有教無類是方法、手段，而是目的與理想。

由以上的分析來看自願升學方案，當時對學校要求校內實施有教無類，因為有所謂的放牛班，以致要求各校實施常態編班，殊不知常態編班至少有兩種方式：

1.混合常態：以智能、地區、抽籤等等方式為之，如以五育而言，只顧及到智育而其他四育則並非常態。也就是說，常態編班其實是一件十分複雜的工作，但國內多位歷任的教育部長則採用部分學者（不用心的）過分簡化的方式來編班。

2.分群常態：是依孩子的喜好（非智能）分成若干群，如：美術、音樂、體育、學科、野外求生等等，然後再依各方面的表現編班。

以上兩種編班法，可用一則寓言故事譬喻之：所有的動物相聚一堂，研議為什麼人類能夠在各方面超越他們（游不過於魚類，跑不過狗，飛不如鳥）。結果得到一致的結論，是因為人類透過教育學習，能累積傳承經驗，於是所有的動物同意籌辦學校。當談到應該學習什麼樣的科目時，則要求所有各類動物均要學會飛行、打洞、游泳……。但結果是一隻兔子為了學飛行而將腿跌斷，其跑的成績也從甲掉到丙；小鳥學打洞，一則使其嘴受傷，再則在鑽洞之時，將翅臂磨傷，故無法進食而沒有體力，翅臂受傷而飛不起來。這就是混合常態編班的必然結果。

若課程設計的概念改變，編入的學科科目是體能的增強，即是如何飛得愈高愈快、跑得持久及瞬間加速度等等，則編班的方式應是分群，即分為鳥類、魚類、走獸等等不同的群體，再輔以因材施教，使個自的專長、興趣得以施展。

也可以說，混合常態是以有教無類為方法之前置作業註定失敗；而分群常態是為了能實施因材施教之先期作業。

三、非義務教育

(一)有教無類（方法）

在此階段，沒有法令強迫所有孩子均要入學，而產生了各種招生方式來進行選才，如選才的方式過於簡化或集中，以動物學校為例，如集中以走獸的學習科目為第一標準，則擁有其他興趣、專長的動物便被摒棄於校門之外，此時走獸便成為強勢族群，其他的成為弱勢族群。故在策略上如何讓弱勢族群也有入學及就學的機會，這才是公平的措施。過去及目前的各種招生方式，只是具備公正性而不具備公平性（意味著每個人在現實可行的範圍內，應該擁有相同的「與眾不同的機會」），唯有真正的公平，方能紓解升學的不當壓力及摒除惡性的補習。此時入學的方法是採多元入學方式，也就是應用多元入學來照顧弱勢族群，以各校招生總額分出若干固定的比例，給與不同的族群，因此各族群的學生是分群比較。如此學生可依各校不同的發展重點選校，而學校也可依重點方向來選擇學生。

㈡因材施教

由於進入學校的學生管道多元，其在某一方面，如智育而言，就會參差不齊，則老師的教學除了在教材教法方面要重視之外，評量的多元化將是首要列入的觀點；其次與義務教育階段不同的是，課程的設計要因不同來源的學生給與不同的課程設計（義務教育階段課程結構是相同的）。

以影歌雙棲的藝人蘇有朋為例，當年他高中畢業參加聯考而進入台灣大學機械系就讀，若干年後自動休學（此處不談有教無類的入學）。我們不禁要問：他以自己的實力進入台大機械系，為何不能順利完成學業？其重點在於當時台大機械系沒有一個想法，就是：是否應有另一套的課程設計？此套課程設計的方向是將機械與音樂相結合，如冷氣機是機械工廠的產品，行銷的手法為靜音、省電等等，也就是說機件之間由於摩擦、震動，會發出聲音，如頻率屬悅耳的則為音樂，不悅耳的則為噪音，故音效學是機械工程十分重要的一門學問。如大學教授們能了解開發新知是他們應有的職責時，便會開發出動力學與震動、材料力學與震動、熱力學與音效……等教材，當材料齊備後，便是如何教學的問題。我們的老師多沿襲過去其老師的講授方式，殊不知如採英式教法——提供教學進度、教材、啟蒙的指點工作後，由學生自己學習，定期前來與老師討論，當老師肯定學生的學習狀況後，再繼續後一章節，如此學生能受益，教師才能成為名副其實的知識開發者。

至於此階段的評量是口頭討論或是書面報告，其評分標準是自我比較。

㈢有教無類（理想）

非義務教育如能採用前節的方式進行，則能為社會各行各業培育各種人才。例如蘇有朋如能順利完成機械專門的學習，畢業後進入了工廠，便能在產業界中注入音樂的氣息，或對音樂器具之改良生產有所貢獻。一位對體育有興趣的人士，如完成工程的學習，則能帶動產業界對運動的風氣，也就是所謂全民體育、全民音樂方有實現的一天。

四、教育的單擺原理

綜合前述，以簡要的表 7-1 表示：

▧ 表 7-1

階　　　段	義　務　教　育	非　義　務　教　育
有教無類（方法）	強迫入學及就學	弱勢族群的入學及就業
因材施教（方法）	教材的多樣化（首） 評量的多元化（次）	評量多元化（首） 課程多樣化（次）
有教無類（理想）	學生得到應有的照顧	爲各行各業培育各種人才

我們知道單擺在擺動的過程當中，有兩個位能的高點：一點是人為的將它拉到右側的位置，這時的推手是政府，而後將孩子送進學校。學校的唯一工作，是在位能最低的狀況下，加入因材施教來增加其動能，方能克服因學習所遭遇的困難而損失的能量，如此才能將孩子推到另一單擺的高點（有教無類）。當然在非義務教育時期的第一階段，如何挪出固定的比例給不同族群，也就是政府應有所作為的，以此類推。

第一階段的有教無類與第二階段的因材施教，均屬於方法層面，也唯有如此的作為方符合人本的教育思想，也是人道的作為。

五、結論

人類的學習應本著人本的精神、人道的作法順勢而為。故教育主管機構在義務教育階段，應著重在量的提供、機會的提供及課程的規劃，而教材教法則是老師的成績。所以建構主義之教學方法，應是老師們經由集體協商的教材教法，而不是由行政機構來主導。在非義務教育階段，行政機構可以要求學校設定固定比例給與不同的族群，輔以誘導策略，如給與能達成為各行各業培育各種人才者鼓勵。

對學生而言，唯有因材施教，學生方能「安心學習，歡心學習」。過去我們常言的「得天下英才而教之，一樂也。」，應修改為「能因材施教而培育出可用之才，一樂也。」

第八樂章

全人教育

一、前言

教育者應透過有教無類、因材施教的有效作為，引導青年學習的興趣，進而歡心地學習，成為一位有用的人。以上這些作為的重點在培養青年具有做事的能力。然而人不可能獨居而生活，其生活上之所需乃透過商業行為互通有無，人與人之間的溝通往來，在分工愈細的社會則愈密切。教育單位在培育學子的專業技術能力時，尚須擴充其專業領域，以達在專業方面具觸類旁通的能力外，更重要的是培育其不自覺的利他行為，也就是所謂高規格的道德層面的認知與實踐。在五育並重的教育學習中，學校一則著重五育皆十分重要的認知講述，二則要求每位孩子在五育方面均追求一樣的高標準，所以五育只停留在認知層面，而未確實去實踐。所以許多家長提出疑問：我的孩子知道合作、孝道、謙讓的意思，故考試成績上有所顯示，然而在行為上卻未見任何的行動。事實上，每位孩子的興趣及經潛能開發後之智能均不一樣，怎麼可能在五育上均達到一樣的高標準。故學校教育在整體上不應偏廢或獨尊哪一育，要重視五育均衡，如：定期舉辦體育活動（每月一項競賽），不是要求每位學生均能成為選手，而是有的是選手，有的是欣賞者或啦啦隊，重點在於參與體育活動的過程。這種培養青少年具有專門技能及品德之人，應屬於全人教育的範疇。故全人教育應可以說是「以德育為重，將德育融入其他四育中，五育並進的教育」。

二、德育爲重，五育並進

過去的農業社會，在我國的文化傳承中，確立了「做人為一切的根本」之觀念，故有修身、齊家、治國、平天下之先後順序。由於社會結構的改變，人與人的接觸提早，在前些樂章中提到，做人與做事的關係，就像樹的根與枝幹的關係，而有相輔相成的效果。當孩子被送進學校而接受傳統學習開始，其實在課程的結構上，雖講述了所謂公民與道德，但在扭曲的升學主義掛帥下，成為了智育掛帥。然而當年輕人踏入社會與人相處後，做人的要求立即浮顯，故我們依舊認為，道德是人異於萬物最基本、也最重要的東西；當其他四育在成長過程中如遇到瓶頸時，須以利他為動機，方易在此一衝擊下有所突破。故曰：將德育融入其他四育之中。教育過程是漫長的，重點是不斷地進步，累積成果，方能有成。故應強調四育的不斷進步，並且這種進步不是一項完成後，進行另一項，故曰：五育並進（如圖 8-1）。

在學習過程中，如永遠塑造一個無挫折的環境，當年輕人進入社會後將無法適應，甚至在受到挫折後再也爬不起來。例如圖 8-1 中的乙生在智育上表現較好，故老師的主要教導方式是設定目標，讓其透過自我學習，自我探求，在如此的摸索學習過程中，會遇到許多意想不到的困難須去克服。從許許多多的實驗中，證實共同學習的成果高於單獨學習。例如智育好的孩子協助智育差的孩子學習；同樣的，體育好的孩子幫助體育差的孩子。一則是同理心之使然，再則是透過共同學習，方能發揮學生次級

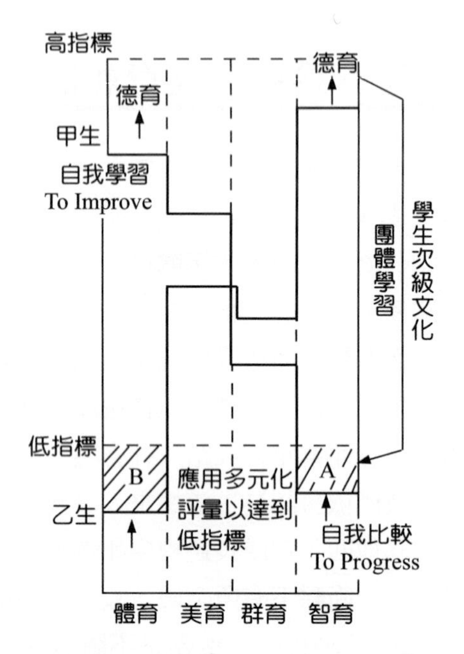

圖 8-1 德育爲重，五育並進的教育

文化，而達成團體學習的情境。

三、教育的哲學觀

㈠自然主義的哲學觀：盧騷（J. J. Rousseau）主導之以受教者為中心的思考模式。受教者是教育的主體，一切思維在於如何透過受教者之興趣、智能，在教材教法上力求配合。

㈡理想主義的哲學觀：以柏拉圖（Plato）為首的看法，著重人格發展，品德教育為一切之首要工作，也是其他學習的根本。

㈢實驗主義的哲學觀：以杜威為代表，教育過程在於受教者能不斷地進步，奠定自我學習的基礎，終有一日能達成學習的目標。

「德育為重，五育並進」的全人教育，其對象當然符合自然主義的法則，以受教者為中心；其以德育為重、為基本，也符合理想主義精神；在學習的過程中，重視五育的不斷進步，也正是實驗主義的精神。作為一位行政規劃者，不宜偏向哪一學派，而應取各派所長，進而能自成一格。

四、教育願景

㈠核心價值

「德育為重，五育並進」的全人教育。

1.培養心胸開闊、體魄健全，具有豐富創造力的國民。

2.培養愛好自由，並能自治自律，而體認社會責任的青年。

3.培養具有國家民族觀、世界觀，且熱愛和平的中華兒女。

㈡核心目的

以「品質為本」的教育目標。

1.適性發展：肯定每一學童均能學習。

2.終身學習：認定教育是一種主動的追求，給與所有民眾終身學習的機會。

3. 教育人權：認清學習者的成功才是教育的成功。

4. 全民參與：建立「教育的成敗是全民責任」的共識。

㈢計畫目標

1. 所有兒童均能在入學前做好學習的準備工作。

2. 國中畢業生有充分選擇進入高級中等學校就讀的機會。

3. 要能確保學生在各方面的成就，才能保證教育的品質。

4. 學習永遠不會結束，故大學除具原有教育功能外，並成為受過高等教育者再受後續教育的全民大學。

5. 每一位成年人除基本能力外，並配合時代進展，在終身學習的社會中，將學習、工作與生活融合，以創造一個無功能性文盲的新社會。

6. 每所學校均將免於暴力及毒害，並提供安全、健康且有紀律的學習環境。

7. 為使學校教育成功，我們的眼光必須超出教室、走出校園，投向社會與家庭。

㈣遠景

教育為立國之基，在我國邁向已開發國家的過程中，教育工作所負的使命極為重大，也極為艱難。教育工作經過全國教育人員多年來辛勤的努力，目前已到了一個分水嶺的階段。過去追求教育的成長，已有了相當的績效，今後應注意教育品質的提高，以確保受教者的權益。

而在教育的內涵方面，則應把握下列基本的重點：在智育方面，應使學生有深厚且寬廣的知識領域及開闊的胸襟；在德育方面，應培養學生對自己行為負責任的觀念；在美育方面，應與生活相結合，讓學生對自己生活中的點點滴滴付出關心；在群育方面，應培養學生感恩的心；在體育方面，應重視學生的體能訓練，輔以體育知識、道德，養成健康的身心。

在推行各項教育之興革措施時，應結合全體教育人員的力量，戮力推行以宏績效。而實施時，在有共識的原則之下，將賦予學校較大的彈性，期能因地制宜，鼓勵創新，表現特色，期使每一個學生都能享有快樂與成功的學習，進而樂意從事終身的學習，而培養出下述能適應二十一世紀新時代的國民：

1.舉止高雅，是位動靜自如的青年。

2.好學樂學，是位能從學習中學到學習的樂趣，進而終身追求新知，並具創造力的學子。

3.學養深厚，是位專門學術專精、一般知識廣博及理性與感性兼具的學生。

4.力行實踐，是位懂得學以致用和如何生活的國民。

五、結論

德育有別於其他四育，一則德育沒有低標準，只有止於至善的高標準；再則德育無法單獨培養，而須融入其他四育之中去實現。同時，德育具有推動或牽引其他四育「攀升的催化力量與作用」。

五育以德育為重心，教師的教學應是透過多元化的評量，兼顧認知、技能及情意的目標，使學生在智、體、群、美四育，都能達到或超過為學生所訂的最低標準，並推動以德育為內化功能，使四育向最高指標邁進。例如：智育成就高的能在德育的催化下發揮聰明才智；智育成就低的，也可透過其他各育的表現，得到成就與滿足。

第九樂章

教育現況與改善

一、前言

我國教育在被扭曲的升學壓力之下，學校教育只重結果而忽視教育學習的過程；行政當局為求急功而推動簡化的常態編班，不透過因材施教，直接跳到有教無類的理想面（人人均得到應有的照顧）；少數學生在多次世界性之數理競賽表現中雖然成績亮麗，但是大部分的學生對數理的學習興趣缺缺，而形成矛盾。生活教育完全被忽略，結果是「只受智育教育的孩子，也與沒有教養的孩子相掛鉤」。年輕人恐懼學習，而完全背離了「活到老學到老」終身學習的精神；再加上未能由傳統學習而提升到精熟學習，進而找到中心思想，更不能進入觸類旁通的境地，人人所懂的知識單一，而成為一個功能性文盲充斥的社會。在這樣的一個社會，電視成為民眾的最愛，然而電視節目的製作成本低，觀眾要求其多變，因此品質堪慮。父母趕孩子去做功課，自己卻用看電視打發時間，如此惡性循環，年輕人在此環境中成長，於是暴力、毒害開始滋長。家長責怪學校教育不彰，學校推到社會風氣不良，社會又指責家庭教育蕩然無存。管理大師戴明所提出的全面品管的管理方式，也許正是教育解套的良策。

二、現況

㈠林清玄先生在一次教育的座談會中提到：「好孩子教不壞，壞孩子教不好……，因未能依孩子的本質從事教育。」此處的「好」與「壞」是指「智育」表現「好」或「壞」的孩子，其結果造成智育好的孩子得到更多的資源及額外的更多照顧，但卻自以為是而不知感恩；智育差的孩子自暴自棄。這是因為社會中忽視了「天生我材必有用」的道理。

㈡美國西北、康乃爾大學三位教授的研究指出（附件一）：

1. 台灣的年輕人在道德的發展方面，並沒有隨著年齡的增長，由他律漸漸提升到自律的道德模式。

2. 台灣來自中產階級家庭的孩子，其自律行為發展的比例，甚至比不上來自美國及以色列藍領家庭的年輕人。

這份研究論文是一九九〇年所發表，結論中所提出的看法，似乎宣判了台灣地區是一個道德淪喪的國度。

㈢今後教育的重點：

1. 依孩子的興趣發展提供教材，方能使其快樂的學習。

2. 協助智育表現較差的孩子（此處稱之為弱勢族群）。

3. 德育教育生活化，務必重視實踐（德育應融入四育之中，五育並進）。

三、改善

㈠義務教育

1. **目標：**所有學生均得到應有的照顧。

2. **方法**

⑴課程配合多樣教材，以符合孩子的興趣（體育、群育、美

育）為取向。

⑵評量多元化

①評量方式多樣化。

②評量標準個別化。

③評量認知方面，在於確定「學生該學會的學會了沒有？」。

⑶編班——依學生興趣的分群常態編班

3. **檢查點：**基本能力的培養。

⑴以口頭及書面表達自己概念的能力。

⑵與別人合作的能力。

⑶規劃自己時間、工作和將來事業的能力。

⑷透過團體學習激發個人學習動機，成就和實現個人價值的一般能力。

㈡非義務教育

1. **目標：**為社會各行各業培育各種人才。

2. **方法**

⑴入學——給與弱勢族群孩子入學及就讀不同學校、不同科系的機會。

⑵評量多元化的配合。

⑶多樣的課程結構，以符合學生的學習狀況。

3. **檢查點**

⑴潛在能力的啟發

①語文能力

②數理能力
③空間認知
④音樂
⑤表演藝術
⑥領導能力
⑦內省能力

⑵一流大學的條件

①良好的圖書設備、實驗室及老師：透過良好的課程結構去教導學生。

②幽靜的環境供師生「思考」、「想像」、「冥思」以及「安詳的對話」；從事知識開發的工作。

③一則求其「大」，再則要能維持一個「小」：將學校的影響力推廣到社區、社會，但其內涵務必是小而精緻。

目前台灣地區的大學均缺乏課程的結構設計。課程的結構來自於要教育出什麼樣能力的學生，而非只是由老師提出開課的科目堆積而成！

㈢社會教育

1. **目標：**終身學習態度的培養。
2. **方法**

⑴青少年時能從學習中學到學習的快樂，認定學習是件快樂的事，埋下終身學習的種子。

⑵政府提供終身教育的場所及機會。

⑶將學校教育與推動社區文化相結合。

以美國大學中所組成的各種運動球隊來看，如以智育成就而言，球員的學科成績多半不佳，雖然學校為他們個別請了多位家庭教師，然而由於體力耗費過多，基本上實無精力用在課業上。如從陶冶的角度而言，這些未來的職業運動選手，經過四年大學生活及校園氣氛的影響，而提升了他們的學養，尊重教練的指導，服從裁判的判決，最後能贏得球迷的喜好，則是另一種所得；有一天當其運動生命告一段落後，再透過社會教育發展生命的第二春，這是政府的責任。

㈣家庭教育

1. **目標：**使父母能成為第一位稱職的老師。

⑴自我成長。

⑵接納孩子的成長。

⑶與孩子做朋友。

⑷溫馨親密的親子關係。

⑸了解孩子們的個別差異。

⑹用語言行動表達愛意。

⑺尊重孩子的隱私。

⑻雙親的意見要一致。

⑼和諧的家庭。

2. **方法：**透過親子教育及婚姻教育。

幸福婚姻為所有美滿家庭的基礎，過去對兩性教育較偏重在生理方面，今後應加重在心理的教育。

⑴提供對幼兒成長、嬰兒心理、衛生保健等正確的認識。

⑵提供社區服務，使學校與社區相結合，促成親子及婚姻教育的落實。

⑶擴大幼兒教育設施。

⑷將幼兒教育納入義務教育。

四、教育的改革

㈠全面品管（T. Q. M.）

戴明被譽為品管運動與學習型組織的先知。由日本科學家與工程師協會在一九五一年創立了年度戴明獎，便可知戴明的成就。其思想精華主要有十四項重點：

1. 建立對產品和服務改良的不斷追求。
2. 採用新觀念。
3. 停止依賴檢查來達到高品質。
4. 不要用價格來決定供應商，只用一家供應商以期降低總成本。
5. 不斷改進企劃、生產和服務的每一個程序。
6. 從事在職訓練。
7. 培養領導制度。
8. 去除恐懼。
9. 取消不同員工領域之間的界限。
10. 取消給勞工的標語、口號和目標。

11.不硬性規定勞工的生產量，不給管理人員規定量化目標。
12.讓員工以自己的工作為傲，取消年度升級或記過制度。
13.為每個人建立有活力的訓練計畫和自我能力提高計畫。
14.發動公司的每個人為公司的轉變而努力。

以上的重點可歸納為下列三項原則：

1.重視每個過程的品管。
2.下一個過程為前一個過程的顧客。
3.全員參與。

由於重視每一個過程，並且全員參與，故稱之為「全面品質管理」。尤其是第二項原則，全面改變了品管的觀念。

(二)教育的全面品管

把全面品管導入教育系統中，將家庭教育、國民教育、中等教育、高等教育及社會教育串連起來，我們發現教育系統與企業最大的不同，在於「人不可被拋棄」，故而形成了一個封閉的循環系統，須重新定位「後一個過程為前一個過程的顧客」的意義。也就是說，在第一次循環時，似乎社會教育是學校教育的下一個過程，學校教育是家庭教育的下一個過程；然而當進入第二

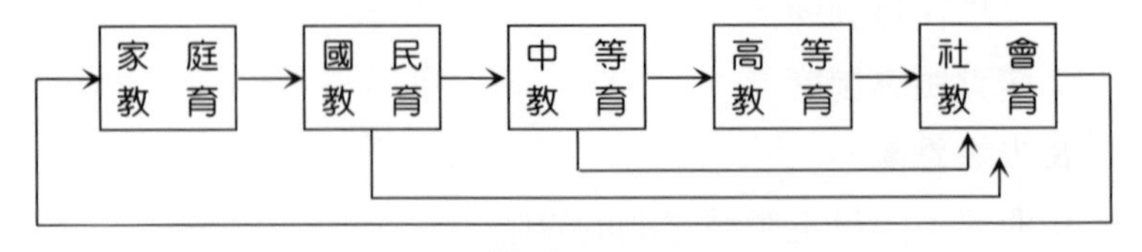

圖 9-1

個循環後，家庭教育則成為社會教育的後一過程，環環相扣，以致使整體教育緊密結合、相互支援，形成無縫的教育系統。

五、結論

依據戴明循環先對教育現況做一檢視，以便了解問題之所在，進而針對問題著手改善。然而教育以人為本，各種影響教育的因子之間又糾纏在一起，故須有全盤的規劃，方能理出頭緒。

美國西北大學的三位教授所指出的台灣青少年的自律能力偏低，這才是目前教育的禍根。聯合招生本身是中性的，它的問題在於教師們如何基於其專業的認識，分清楚校內評量在於學會該學會的東西，而入學測驗重在選才。但是以目前師資培育的管道而言，教師之所以能成為教師的實習管道形同虛設。成為一位醫生，要經過教學醫院的實習通過，方能取得醫生資格，然而教師的實習場所卻沒有經過篩選資格的認可，這才是台灣教育問題的根本。俗語說「良師興國」，這正是台灣教育改革的切入點。

附件一　道德發展跨文化研究

根據一項外國學者對道德發展的跨文化研究中發現，大部分的人隨著年齡的增長，其道德形態會漸漸從「他律型」轉變為「自律型」。他律型與自律型的道德判斷是以Kohlberg等人所定出的九種標準來衡量的：道德體系（Hierarchy）、對人的本質之認定（Intrinsicality）、慣例性（Prescriptivity）、一致性（Universality）、自由性（Freedom）、相互尊重性（Mutual respect）、可逆性（Reversibility）（即遇見難題時是否有足夠的彈性從不同的角度來思考解決的方法）、建構主義（Constructivism）及選擇（Choice）。根據這九項標準，他律型（A 型）與自律型（B 型）所表現出來的特徵為：

標　準	A 型（他律型）	B 型（自律型）
Hierarchy	沒有明顯的道德體系，實用取向	有明確的道德、價值系統，責任取向
Intrinsicality	以人爲工具	以人爲目的，尊重自律、自尊
Prescriptivity	視道德責任爲工具	視道德責任爲義務
Universality	以自我利益做判斷	無私心、一視同仁
Freedom	依外表因素做判斷	不依靠外在權威或傳統
Mutual Respect	片面的服從	相互合作
Reversibility	單一角度看問題	可以從別人的角度看問題
Constructivism	認爲法律條文是僵硬不變的	彈性看待法律條文
Choice	不會依據正義或公平來做選擇	通常會做出公正、公平之抉擇

這項研究是以美國、土耳其、以色列及台灣的青少年作為調查對象。

以色列的調查對象包括在鄉村及都市出生受教育的青少年；美國是針對來自都市中的中產階級及藍領階級的青少年；台灣則是針對都市中的中產階級家庭的青少年；土耳其包括了城市與鄉村的青少年。其結果是：

國　　家	年　齡	他律型比例％	自律型比例％
青少年初期			
以色列（鄉村）	12～14	50	50
以色列（城市）	12～14	62	38
美國（中產階級）	13～14	73	27
美國（藍領階級）	13～14	87	13
土耳其	12～15	89	11
台　灣	12～14	90	10
青少年後期			
以色列（農村土生土長）	18～22	5	95
以色列（城市出生，在農村受教育）	18～22	19	81
美國（中產階級）	19～22	55	45
美國（藍領階級）	19～22	70	30
土耳其	18～21	78	22
台灣	18～23	82	18

在這項跨文化的研究中顯示，台灣的年輕人在道德發展方面，並沒有隨著年齡的增長而由他律漸漸提升到自律型的道德模式。台灣來自中產階級家庭的孩子，其自律行為發展的比例甚至還比不上來自美國及以色列藍領家庭的年輕人。

以上資料係參考 Regina Logan（Northwestern University），John Snarey（Emory University）及 Dawn Schrader（Cornell University）所著的 "Autonomous Versus Heteronmous Moral Judgment Types——A Longitudinal Cross-Cultrual Study." *Journal of Cross-Cultural Psychology*. Vol. 21. No.1, March 1990 71-89.

（本文摘自民國 85 年 3 月《彰師校訊》）

第十樂章

重教與師尊

一、前言

孔子的「有教無類，因材施教」理念，在過去兩千多年的歲月中，對社會影響至鉅，先有歷代的獨尊儒學，並對從事傳道授業的讀書人給與極高的尊敬，因為每位讀書人均有一套令人佩服的學理，故有所謂的「尊師重道」。近百年來，為了滿足人類應該學習成長方能獨立謀生之需求，並由政府主導教育後，而發展出義務教育制度，徹底地實現了全民有教無類的教育體制，逐步地也建立了一套師資培育制度。教師將其所學，經過成熟的教材教法傳授給學生。此時的老師與過去最大的不同是，他所教的不一定是他自己所悟出來的學問，只是將其所學經整理後傳授給學生，而不是因為有一套他自己的看法，讓學生去追隨。而孩子在成長的過程中，隨年齡增長，面對無數的老師，已不是過去「從一而終」的求學環境。我們不禁要問：傳統的「尊師重道」情境已經改變，擔任教職者是否因為擁有這份工作，自然地要得到一份尊寵？在這職業無貴賤的時代，任何人要得到他人的額外尊重，唯一的狀況是他的實際付出比他應付出的多。是故為人師表者，如能付出教育大愛，重視教化的工作，方能獲得學生、家長及社會的尊敬。

二、一流學校

㈠定義一：是一所能充分啟發孩子潛能的學校。

㈡定義二：

一流學府應具備的優點：

1.完善的基本設施。

2.大師級的教師。

3.一流的研究中心。

4.現代的典章制度。

5.嚴謹的團隊紀律。

6.履行社會義務。

㈢定義三：

在教學、研發及服務方面：

1.教學：有良好的圖書、設備、實驗室及老師。

2.探究新知：幽靜的環境，供師生「思考」、「想像」、「冥思」，進而能「安詳對話」。

3.服務人群：「宏而偉」及「小而美」。

三、學校的任務

㈠教學

1.課程

有了良好的設備及老師，須透過課程來完成教學工作。例如賓州大學華頓商學院，在多次的評鑑後，被認定有一套結構完整的課程，而多年排名在企管教育中的榜首。目前國內的學校及教育行政單位，只有學科的概念，而缺乏課程的認知。早期國內工業還在起步階段，職業教育引進了西方的「單位行業課程」，為國內培養了許許多多的技術人才。由於工業的進步，在大量生產後，為了滿足個別消費者的喜好，而有了所謂的彈性生產系統（F. M. S）。一位技術工人不能僅具有單一的技能，於是為了培養技術工人具多面知識及整合的能力，而有了「群集課程」。所以每所學校要培育出什麼樣能力的學生，就應有一套獨特的課程設計。

2. 教材教法

⑴能力本位

強調學生應具備何種程度的能力，方能立足於社會之中，而不是以分數及格的表現判定其能力；因為及格的了解，不是真正的了解。故能力本位之教法，開始大量在校園內被採用，其實能力本位之精神，好似少林寺訓練子弟般，如能通過木人巷的考驗，一則可以自保，二則可以維護寺譽。

⑵建構主義

將不易了解的東西，加附在孩子喜好的事物上。如前章節所譬喻的將《三字經》的內容附加在泥娃娃身上。

3. 集體協商

在教師法中明列教師對其教學擁有自主權，即所謂的「教學自主」，此處提到的教師非指單一的每位老師，而是指教師們經過集體協商後，方享有教學自主權。

㈡研發

為了不斷地開發新知、改進教學，學校應具備一個可供校內外人士思考的優美安靜環境，以供人們可以理性、專注的對話。

㈢服務

各級學校均是社會的一部分，公立學校一切資源來自於納稅人，私立學校的一切資產也是公共財。故每所學校應將其教育愛及研發所得帶出校園與社會社區共享。要達到這樣宏而偉的理想，首先學校必須有精緻美好的研發成果，方能走出校園，並且持久為之。

四、教師的角色

㈠對社會

教師不是自以為是地提出主張，而是要參與社會；不是孤芳自賞、曲高和寡地把自己孤立，而是要扮演燈塔的角色，來領導社會。

㈡對本身

1.教學：克服學習盲點

⑴學習是透過吸收、保留兩種能力而達成。目前教育的問題如下：

①測驗主義：有標準答案，並且養成容易做的先做之積習。

②西方主義：重視與他人做比較，而忽視了非直覺的判斷。

③甲等主義：以成績單為唯一的準則。

⑵學問是透過判斷、想像兩種能力而完成。理想的狀況如下：

①成為一個活字典。

②如能消化所學，則第一步是能掌握重點；第二步能統合相關的知識；第三步方能有自己的一套邏輯思考，成為一位不停問自己的出題人。

2.研發：教育在笈笈

一位國中學生在教師節演講比賽中提及以下的內容，或可視為一個好老師應具備的條件：

⑴由於我的名字中有一個艱澀的字，一般老師因而常常忽略我，使我有種不存在的感覺，沒想到「您」卻對我的一切了解甚詳。老師，您做到了「關懷在默默」！

⑵我隨父親職業調整而轉學，每到一所學校均有許多要求及規定，當我犯了無心之過時，您卻給與了寬容；一旦犯了不該之錯時，您做了適當的懲罰。老師，您做到了「鞭促在嚴肅」！

⑶我們的教科書與正在讀大學的大哥相比實在很薄，然而同樣地要教一學期，我發現老師您提供了許多補充教材來吸引我們。老師，您做到了「吸收在內容」！

(4)這門課我兄長去年在您班上學過，我本想偷懶拿他的筆記本而取代上課寫筆記，沒想到今年老師您增加了許多的教材。老師，您做到了「教育在笈笈」！

第四點的「教育在笈笈」即是研發的層面。

3. 服務：及時服務

各級學校的老師因為所處的環境不一樣，應參與不同社區、社會企業的工作。從事義務教育工作的老師，可參與社區家庭教育的協助工作，幫助父母成為孩子第一位稱職的老師。當孩子有了較健全的家庭生活習慣後，進入國小之時，老師則可減少許多不必要的校正孩子行為的時間。大專院校的老師則扮演參與企業提升的責任。這種服務就像一則故事般：一位富翁立下遺囑，身後將遺產捐給慈善機構，然而並未得到預期的好評。他的朋友譬喻告之，一頭豬在死後獻出了牠的全部，而母牛在身前提供牛乳滋養人們。人們在日常生活中所提到的是牛乳，沒有人去感激豬死後的奉獻。故老師應利用其社會給與之公權力，及時提供適當的服務。

五、三方面的教化

(一)言教——恰如其分，進行平衡的教學

從皮亞傑（J. Piaget）的認知理論可知，在具體運思階段，孩子的學習是跳躍式的，左腦快速地啟動。然而目前學校為求所謂

的公平，多以測驗方式來評定學生的學習成就。在測驗主義、西方主義及甲等主義下，抹殺了多少孩子的學習意願，導致左腦雖已啟動，但後續乏力。同樣地，我們知道申論題（沒有標準答案）有助右腦的開發，但在公平、方便的迷思下，卻未被採用。故學生表面上到學校學習，可是在腦力的進展上卻十分有限。以作文為例，如老師先公布本學期的作文題目，要求學生個自去找資料，回到教室後則整理資料。當老師批閱後，再要學生用毛筆謄寫一遍，我們看看這樣做的效果會有哪些：⑴培養找資料的能力及習慣；⑵整理資料可培養學生的統合能力；⑶老師批閱後學生再抄一遍，學生方知道如何更正確表達其想法；⑷用毛筆抄寫，一則可以傳承毛筆藝術，再則可安定學生的情緒。

所以，言教要能在不偏不倚的教學過程中，讓左右腦並進，方不至於在命題上以刁難的題目，來進行教師間的競賽。

㈡身教——自我成長

老師在教學的過程中，要求學生天天進步，但我們要問老師：自己的能力是否也與日俱增？美國加州柏克萊分校一位教邏輯學的老師塔士基，每當要學生上台推演邏輯分析時，若有學生停在黑板上而無法完成，這位老師經短時間的思考後，即會對學生說：「我知道你的想法」，於是拿起粉筆助其完成。故養成讀書習慣、多方思考乃有助於自我成長。假如社會上人與人打招呼的問候語為：「最近看了哪本好書？」這個社會才是真正健康的，年老後也可自得其樂。而這即是老師的職責。

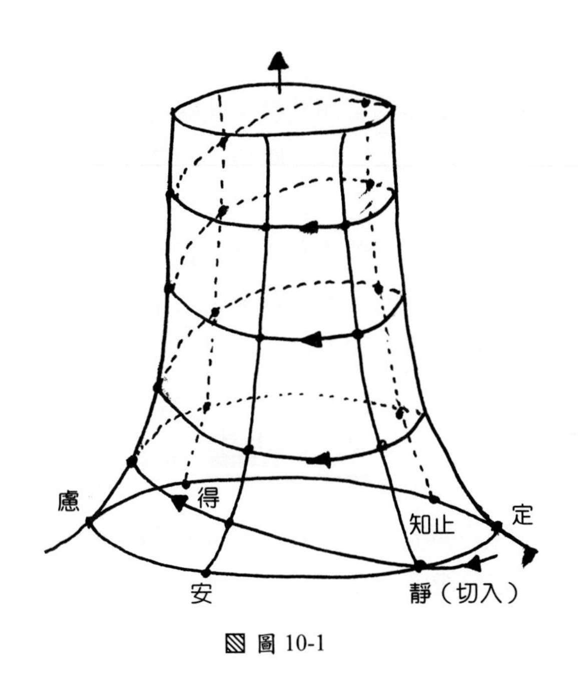

▧ 圖 10-1

㈢心教——先淨其內，其外自淨

按照四書之「定靜安慮得」的原則，多數孩子在多年的學習後，並不能有所「得」。因為「定靜安慮得」的先決條件是「知止」，也就是說，當人們確定了人生的大方向，方進入「定靜安慮得」的大門。於是在教育上要藉助一些方法，切入到「定靜安慮得」，並將過去「知止定靜安慮得」之先後關係調為循環關係的「儿」字塔，如圖 10-1。

圖中由「靜」切入，藉助靜心靜思的活動，培養專注的精神，專注於自己的呼吸至心無雜念，經由安，思慮方能有所悟，有悟則有得，此時再來思考自己人生的方向，而進入第二循環，如此方能適應快速改變的工商社會。此處之「儿」字為「人象立人，儿象行人」，這種「定靜安慮得」的功夫須靠身體力行方能有成。

這種去妄心、存真心的教化工作，正是目前社會所需要的，當然是學校教育急待投入、全面實施之工作。當「心」淨化後，其外自淨，人人均是紳士與淑女。

六、結論

教師擁有評分的權利、管教別人孩子的機會、享有別人孩子的回饋，就應該負擔多元及公平的評量、循循善誘的義務及培養每位孩子成為幸福之人的責任。這正是洛克菲勒（J. D. Rockefeller）所說的：

1. 每一項權利意含負擔。
2. 每一個機會意含義務。
3. 每一件所有意含責任。

教師除了要了解孩子的喜好性向外，更應扮演扭轉社會不良風氣之責，唯有重視心教、身教、言教後，方能獲得社會、家長、學生的尊敬，此乃是「重教而後師尊」的真義。

第十一樂章

設計與思考

一、前言

教師應首先投入心力於教化學生的工作，至於如何發揮言教、身教、心教教導的功能，則有待教師們用心以創新思考，去從事教材、教法的設計。

一般人對於「創新」抱持「非常態」的狹義想法，因此常為自己設限。在文中對創新的看法，係著重於如何藉助具象的工程設計，透過參數分析，也能做到「常態」的創新，並介紹數種思考及訓練方法，供讀者練習。

高級中等學校以下之教師，並應透過教學研究會的集體協商，一則對教材的選用是否恰當進行研商，再則經由分工共學來擴大教案內涵；大專以上的教師應將其研究所得編入教材，而達成教學相長之效。

二、應用科學——工程教育

在大學階段，工程教育的主要內涵是學習「省工省料，提高效率」的學理。如對外行人而言，將「省工省料，提高效率」換成「偷工減料，偷懶睡覺」，更能一窺其中意義。對一位土木工程師而言，在建造一座房屋時，屋柱的大小應是在可承受的負荷下，加上安全係數（如：防震及材料的非完美性）後之最小尺寸；同時亦要考量到如何進行施工，方不至於消耗過多的人力及時間。然而對屋主而言，則希望屋柱粗點，慢工出細活，所以工程師認為自己在做「省工省料」之事，而屋主認為未達到其預期時，則視之為「偷工減料」。此處的提高效率是指相對效率而非絕對效率，例如：汽車動力之來源，係靠汽油燃燒後的熱能而轉化為動能，但我們不可能將燃料的所有熱能均轉化為動能，也就是說有部分的熱能隨廢氣而排出，此時工程師要做的，是注意汽車引擎運轉時的狀況是否完全符合理想狀況，亦即在理想狀況時，其相對效率是百分之百。又如：某位人士擔任夜間電信發報員的工作，工作單位怕發報員夜間睡著而誤事，會要求其定時發出訊號。這位發報員為了長期能擁有此份工作，又不會影響其正常生活，於是發明了一台定時發報器及一台預警器（當有訊號進來時），他便可高枕無憂地休息。故對專業人士而言，是在做「提高效率」之事；而對主管而言，會認為明明是在「偷懶睡覺」。不論是以專業的眼光或一般人的看法，這樣的譬喻只是方便讓讀者了解工程教育的八字箴言。

工程教育在學習的過程中，常藉助一個模式（model）來說明，這個模式基本上是經過許多假設及簡化，而無法將真實情況呈現，這對學習工程者而言是莫大的遺憾。例如：屋樑是靠屋柱支撐，而兩者之接觸處是「面」的接觸，經簡化後以「點」的接觸視之。故在進入研究所就讀階段，則將呈現更接近真實情況的學習。

為了達成工程教育的「省工省料，提高效率」的境界，唯一的工作是透過「設計」來完成。

三、學校的任務

㈠定性設計

例如在「防弊與興利」一章中，法國在十字路口所安置的紅綠燈的位置——中間分隔島上；燈號—— 綠燈及黃燈只有花生米般的大小；燈的方向—— 面向駕駛者。又如：海港之防波堤多用沈箱的形狀，一般在沙質的底部均採正方形或長方形；而在高雄港則採圓柱形，此乃壽山是由岩石組成，由於底部堅硬而採圓形。以上談到的位置選擇，燈號之安排、方向及沈箱的形狀，有如在做化學分析時，先要找出組成物質之成分，而稱之為定性（分析）設計。

㈡定量設計

紅綠燈的位置選定後，其高度須如何，方能讓每位駕駛看得到；防波堤中的沈箱尺寸要多少，方能發揮功能。有如化學分析中知道組成物質的成分後，更進一步要知道各成分的比例是多少，而有了定量（分析）設計。

㈢安全設計

安全設計也可稱之為「笨人設計」，也就是說設計者在完成作品後，是交給他人來使用操作。一般而言，操作者的層次一定是低於設計者，操作者的粗心大意有時會造成傷害甚至災害。因此在設計的過程中，考慮到防止傷害或災害的發生，是件不可忽視的工作。例如：美國聯合碳化公司的工廠在印度波波爾市，由於操作及維修不當，而造成了毒氣外洩，導致將近千人死亡的慘事。其實這家工廠在安全方面已有三層防範設施。第一道是管路，採以不同顏色來區分，即白色接白色，黃色接黃色。第二道是在反應槽中發生不當化學反應後，可能產生的毒氣可經吸收塔吸收暫存。第三道是當吸收塔吸入過量時，可送入燃燒室燃燒掉，以確保安全。不幸的事仍會發生，是因為在平日之檢修時，雖發現燃燒室及吸收塔不能正常運作，當地的人員認為這些設備對生產沒有影響，而延誤了修復的時間。某日操作人員居然不以為意地誤接了不同顏色的管子，不當的化學原料進入反應槽而產生了大量毒氣，釀成了嚴重災害。

檢討本案時，我們了解：第一，安全至少要有三道防護的措施。第二，第一道防護措施是最重要的。聯合碳化公司的第一道採用不同顏色來區分，嚴格來講，顏色之區分是方便拿取而非安全措施，假如第一道不只在顏色上有所區分，並以不同的管路接頭為著手點，則這些災害是可避免的。故曰安全設計又稱笨人設計，原因在此。

以上的定量設計有一定的公式計算可得，然而定性設計、安全設計則無一定的定則可循，故又可稱之為「創造性設計」。

四、參數分析

創造性設計雖無一定的法則可依循，但在此提供思考的切入點——參數（影響事物的因素甚多，其中找到某一因素，可做著手的起點，也完全可決定事物的成敗）實例四則：

㈠輻射輪胎

輪胎公司的負責人希望生產一種安全性比其他公司高的輪胎。當工程師們接受這項任務後，就要找出車輛在行駛時影響到輪胎安全的因素有哪些。工程師們先在地上鋪上一層厚厚的沙，將吊起的車子放在沙盤上，再將車子調離，然後觀察沙盤上車輪所留下的痕跡。工程師們發現輪胎的胎印是橢圓形，這代表車子在行進時，輪胎與地面的接觸起點是「點」的接觸（橢圓的頂點），輪子轉動時，由點而變成短的線段，增至橢圓的短軸，然後再遞減，最後又以點而離開地面。也就是說輪胎的側面在轉動的過程中是不停地變形。常識告訴我們，當一件材料在不斷變形後，會造成材料疲勞而破損，輪胎會有爆胎的可能。於是工程師們思考，如能將橢圓的胎印改變為長方形，則可避免輪胎材質的疲勞而增強輪胎的安全性。此處由橢圓的胎印改變成長方形的胎印，就是增強輪胎安全性的參數。於是如圖 11-1 所示，在輪胎內安裝「ㄇ」字型的鋼絲，來增強輪胎側面的強度，這種輪胎被稱為「輻射輪胎」。

這就是定性設計成功的例子，至於鋼絲的粗細、密度，即是定量設計的工作（請見圖 11-1）。

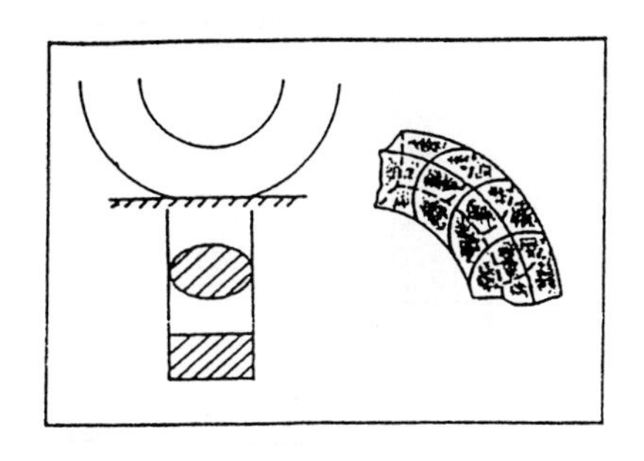

▧ 圖 11-1

㈡弓箭

若有一種弓，能讓射箭的命中率大大提高，必然能占有絕大多數的市場。於是設計師們開始找，影響命中率的參數是什麼，而對射箭手之動作進行了解。當弓成為滿弓時，是射箭手用盡全身力氣之時，而這時卻要做最精準的瞄準工作。假如能改變這種狀態，也就是說在滿弓之時，卻是最輕鬆的狀態，換言之，在拉弓之時十分困難，而到滿弓時，弦與弓及箭呈現一種平衡狀態，此時去做瞄準之事，則命中的機率會大大提高。於是設計師便在弓的兩端加裝了一些機件，如：齒輪、凸輪，便能輕而易舉地完成任務。不幸的，射箭協會公告禁止持這樣弓的選手參賽。於是設計師又想，如能設計一種弓在拉弓之初，弓是十分厚實的桿，拉到滿弓時桿變薄，如圖 11-2。經製造出來的弓並未能在市面上出售，原因是定量設計也能配合，但是弓的上下兩段桿子在多次拉伸之後，桿子由厚而薄，也會造成材質的疲勞，形成弓的可靠性不夠。

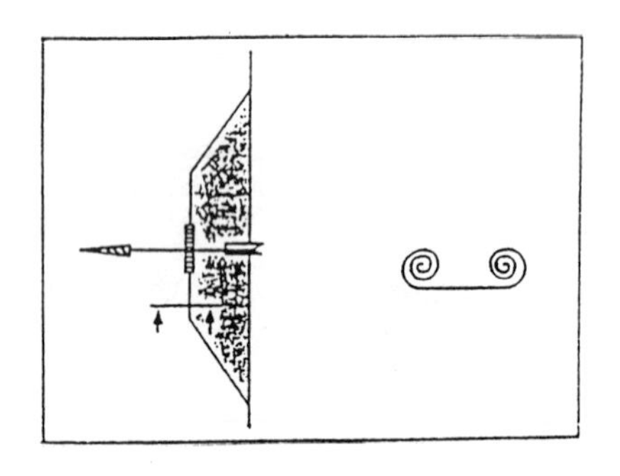

▧ 圖 11-2

㈢蒸汽機

早期在工廠裡有一種稱之為紐克門的蒸汽機，其鍋爐與汽缸是一體的，當水蒸氣經加熱而增加時，將汽缸中的活塞向上推動至上死點，而對外做工。為了讓活塞回到最初位置，便在汽缸底部噴射水，讓蒸氣凝結而降壓，使活塞回到底部，如此重複運作。這樣的蒸汽機要將活塞上推是緩慢的，而下降時卻是快速的，這台機器可以說效率不高且容易損壞，瓦特就在這樣的工廠工作。某天晚上瓦特在煮開水，發現水氣將壺蓋推上，水氣排出後，蓋子回到原位，然後再次被向上推，十分順暢地在運轉。將此現象與紐克門蒸汽機相比，就發現兩者的差異在於對蒸氣的處理。於是在找到參數之後，將蒸氣排出來代替噴水入鍋爐，就完全改變蒸汽機的效能。

㈣電磁爐

過去的電爐是利用電阻高的金屬做成電阻線圈或電阻板，而形成熱源。當斷電後，電阻線的顏色回到原來金屬的顏色，但是熱度甚高，經常造成傷害。有人想到可否設計一台電爐而不具電阻線圈（板），於是考慮鍋子的底部就是最好的電阻板，再應用電學中渦電流的概念而設計出電磁爐。

五、創新

創新可分為二種：

㈠常態創新

以現有的資源做重新安排，而產生新的功能及滿意度。新安排可由：

1. 擴展原有資源的範圍。
2. 增進應用原有資源的精確度。

例如：在商品市場中，售價＝成本＋利潤，經由重新安排：利潤＝售價－成本。則產生了一些新的觀點：

1. 利潤可從提高售價著手。
2. 減低成本。
3. 減低售價及成本。
4. 保持品質（甚至提升品質）。

售價、成本、利潤均為原有的三項資源，經由重新安排可產生新的觀點及顧客滿意度。

(二)非常態創新

非常態創新為異常現象（發明）。有發明潛能的人基本上是存有強烈好奇心的人，並具有敏銳的觀察力。在目前台灣的教度制度下，完全忽略了這部分。

六、思考

(一)依進行的方式分類

1.垂直思考

打破沙鍋問到底，是邏輯式或數學式的傳統思考。

2.水平思考

跳躍式，就是當你挖井而挖到大石頭時，就跳到旁邊重新再挖的一種思考方法。例如：研究生要選擇研究論文題目時，從指導教授那兒拿到數篇可能相關，亦可能無直接關係的論文。此時閱讀資料時，應先採取水平思考方式閱讀論文，當發現有不懂之處跳過去，直到全篇看完掌握大意後，如發現這篇文章與未來的研究有直接的關聯時，再採取邏輯式的垂直細讀，將每個細節弄清楚。這就是先以水平思考方式粗讀，再以垂直思考方式細讀，如此方能以快速學習方式面對快速成長的社會。

㈡依腦成長的過程分類

1.連續性思考

又稱牛頓式思考。在既定的典範、程序、規劃中運作，在腦細胞中填入資料，建立資訊，而形成邏輯式智能。

2.聯想式思考

又稱愛因斯坦式思考。以嘗試錯誤的學習，增進細胞間的連接樹，而形成神經網絡。如開車，它串連了對車子的認識，手、腦、腳的並用集合體，故是一種經驗智能。

3.量子式思考

屬整合性思考。將連續性及聯想式統整，就像量子物理將粒子與波動整合一般；量子式思考是性靈的智能，就像爵士樂演奏一般，有個別性也有整體性。

從人類的腦細胞發展可知，大約有一千億個細胞，每個細胞又可發出兩萬條連接樹。基本上，人類似乎忽略了在腦細胞成長的過程中，如何有效地去開發它。

七、常用的思考方法

㈠腦力激盪法

奧斯朋博士（Osborn）提出腦力激盪的基本原則為集體訓練。其呈現的主要方式有二：

1.以動態的會議方式進行。

2.利用靜態的卡片組合方式進行。

進行腦力激盪時，要求每一參與者可以異想天開，自由思考，但是拒絕批評，以期尋求觀念的組合與改進，開發出更多更好的觀念。

㈡核對表法

此法亦為美國布法羅大學的奧斯朋博士所提出。就意義而言，核對表法可說是一種個人腦力激盪術。如：看見了某樣東西便會思考，這東西是否還有其他用途？能不能借用？能不能改變？假如原本是「加」的狀態，則減、乘、除以後的結果會是如何？若反過來或結合起來的結果又是如何？

㈢戈登法

此法乃由美國學者威利戈登所提出。其主要運用方式是採腦力激盪法，但隱藏真正的目的，只告知大原則，使參與者不被目標、問題所局限。

㈣創造工學

此法為日本金澤大學的中山正和所提出。以生理學或心理學之基礎，配合大腦的結構來解決問題。如：電腦給與指令後快速彙整資料；人腦在給與刺激後是否也能產生組合相關資料的功能？因此將人變為所要談的問題，使之感同身受，如此反應必然增快，此為刺激來源的唯一方式。簡言之，創造工學的基本原理，是使自己與事物能緊密結合，以自身的反應來解決問題。

㈤水平思考法

此法為英國劍橋大學狄波諾所提出。主要方法是拋棄個人原本所執著深信的觀念，跳脫傳統限制盡情地思考。故此法不同於傳統訓練的垂直思考，亦即遇到難題須另尋他處挖掘時，能從其他角度思考以解決問題。

七、結論

要能妥善解決生活（含讀書）上的問題，是要透過周延的思考（含創意），審慎地規劃設計，方能有成。身為教育工作者，首先要養成青年閱讀的習慣，充實其腦細胞，進而藉助寫作、遊戲（解謎）、嗜好與藝術，而增長細胞間的連接樹。並經由模擬下一個（高）層面的情境，與同事（伴）／上司處理事務的決定進行探討，更進一步了解問題的本身及可能受到的周邊限制條件有哪些，使自己永遠處在準備就緒的狀態，方能在此多元的教育環境中游刃有餘。

在培養青年人方面，可試著協助年輕人為自己寫一份永遠的報告。例如選擇撰寫一份溫度計發展的報告，首先從資料中了解目前有多少種量取溫度的儀器，然後針對每一種溫度計，以材質、原理、假設（線性）……等等，做成紀錄，當有新的產品時再繼續增列。也許有一天由於科技的發展能夠有新的方法克服原先的假設，便會由這位青年藉助常態創新的思維而改善了原有的溫度計。這一份永無止境的報告可以⑴養成閱讀習慣；⑵培養某種嗜好；⑶落實資料整理與寫作。更重要的是，保持了一份好奇心，它是非常態創新的原動力。

當將工程設計的概念引用到教育方面時，要注意的是教育方面不單是課程、教材、教法之規劃設計工作，更要考慮到它不是單純的原料經由加工而得到產品；應該像是設計一個新的都會般，不只是解決現存的問題，還須有發展性、前瞻性。

第十二樂章

課程規劃

一、前言

一所學校的基本任務是傳道、授業、解惑，雖然目前將學校的任務擴張到研究（發）及服務，研究（發）的結果還是要回歸教學，而服務的宗旨不應視建教合作為焦點，更重要的是擴大學校的影響力，作為社會的燈塔與典範，成為一種社會教育。能做好教學工作的一流學校，應是具備「良好的圖書、設備、實驗室及老師」，除了以上的條件外，重要的是老師應透過課程之規劃，實現其教學目標。

前一章談到設計可分為定性設計、定量設計及安全設計，而要完成課程整體的規劃，在不同層次中也要透過設計為之。課程規劃中之定性設計，首先要由上而下地指出，學校要培育出什麼樣能力的學生，而產生了課程結構。在此結構中，各教學單位的教師要排入多少科目（學科），方能達到原先設定好的能力目標。當各學科分別由不同教師分擔後，該科目的教學目標、大綱、評量方式等等，應經由教師之定性設計，提供作為教師與學生間之一種契約。其他針對大綱中的內容、時數的分配及評量的次數則為定量問題。在教學的過程中，一般而言教師的專業智能高過學生，故如何讓學生能安心學習，即使受到挫折也會愈挫愈勇，這是安全設計的範疇。

二、理念

曾有教育學者對現存的課程設計有如下的看法：「許多教育論者每每認為今日教育之失敗在於過度專門化所致，其實錯誤不在專門化，而在於所提供的題材缺乏深度及形而上學的啟發性。」

我們的教育多著重於博覽群書，但忽略了一切學科無論多專門化，皆連接一個「中心」。故教育過程中應經由專門訓練後去找尋「中心」，而非博覽群書後再找尋「中心」。

從以上的論點可了解兩件事：

㈠教育的目標即是協助受教者找到做人做事的「中心」。

㈡找「中心」的方式有二：⑴先廣泛學習；⑵先精熟學習。有如在圓周上要去定位圓心一般，可以在圓周上的三個點分別連成兩根弦，經由垂直平分線而得到交點，此點便是圓心。此乃是先作廣泛的學習而找到中心。或者在圓周上先確定一個點，找出切線後，圓心便在通過此點之切線的垂直線上，這就有如經精熟學習而找到中心一般。

三、學習的種類

心理學家嘉德納認為學習有三種，分別是：⑴模仿學習；⑵傳統學習；⑶精熟學習。

㈠模仿學習

嬰兒出生之後，模仿父母、兄長、親友的表情、發音、動作……等等屬之。

㈡傳統學習

將孩子送到學校，追隨老師學習各學科的內容，順利通過各種考試。

以上的兩種學習只發揮人類四大能力（吸收、保留、判斷、想像）中之吸收及保留。

㈢精熟學習

經嘉德納實驗發現，如將硬幣拋到空中，向自大學畢業後數年的學生問有哪些力量還會作用在硬幣上，結果有 90 %從前未修過力學及 70 %修過力學者，都呈現同樣的錯誤（原先手指的彈力還在硬幣上）。嘉德納做了多項實驗後確定，一旦青年離開課程的情境，這些學生的表現方式就如學齡前兒童或小學生相類似。

當學習者能將所學到的專門知識，適當地應用於新狀況時，方是真正的了解。

四、課程結構

依據不同的理念及時代背景，自然會設計出不同的課程結構。例如：早期為了經濟發展，高職的課程架構為單位行業，後又配合經濟的提升而增加群集課程。即使在理念相同下，而期盼學子學習後所應具備的能力不同，也會有不同的結構。在本節中以舉例的方式，提供一套參考課程結構。首先我們確定學生經過學習後，能成為教導型組織的一員，亦就是說該生應達到精熟學習的層次。在理念上，配合精熟而採取了在圓周上的點、切線，再去找到「中心」的想法，則此時的課程架構正是懷海德（Whitehead）言及的人生學習有三個階段：⑴先廣泛的涉獵：方能找到自己有興趣的點；⑵再經由專精的學習：方能發揮人類的四大能力（吸收、保留、判斷、想像）；⑶再透過統整學習：方能達觸類旁通的能力。觸類旁通有三個層面，一個是相近領域，如：大學中各學系的不同學域；第二個是加入專業科目通識化的教學措施，進而擴大到相同智能的不同學系；最後是因曾經過第一階段的廣泛涉獵而擴增到不同的智能。

以下用三種自然界的現象、物質來做譬喻：

㈠渦流

渦流的形成應具備兩個條件：一為垂直向下（上）的速度，二是切線旋轉的速度。我們可視向下的速度為深度需求，而切線速度（此速度的提供，是距離排水口最遠的盆邊水面給與微弱切線方向的帶動）則可比擬為廣度需求。為將學子培育成材，就好似要透過向下及切線速度，而形成一個強而有力且穩定的渦流。此處所指的切線速度在外緣是能夠粗略了解全貌的「系必修科目」；在垂直深度方面，則以學科科目設計之，但學生修習時則以整套學程的修習為限。再經選修，如：專題，而將學程擴大到該系的其他學域。如圖 12-1：

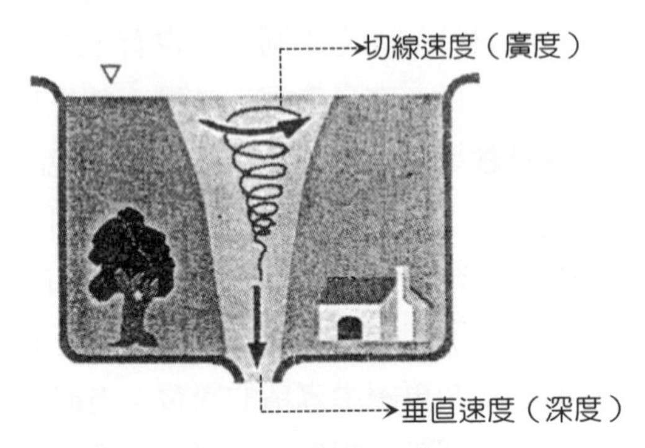

圖 12-1

(二)果樹

以果樹為譬喻，我們可看到部分樹根盤踞在以樹幹為中心的四周。此時看到之樹根部分有如系必修科目般，而樹幹是支撐全樹的主要憑藉，即專業學程科目是學習的核心，經由樹之枝葉所行之光合作用而產生統整功能。此果樹是否能開花結果，則要透過專業科目通識化方能有成。也就是說果樹能開花結果，才能傳播花種另闢果園，而成為教導型的組織。如圖 12-2：

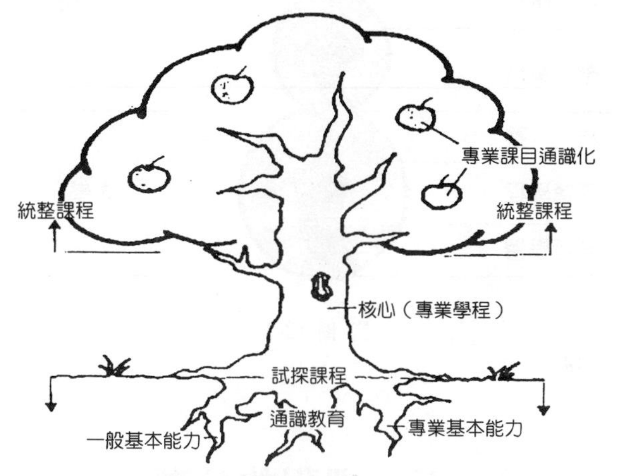

㈠有部分學科屬於「核心」，是學習專業的主要憑藉；其他學科對核心產生均衡作用。
㈡「核心」即是學程專精。

圖 12-2　歷程式套裝課程結構（Portfolio Curriculum）

㈢葫蘆

沿葫蘆底部向上爬升，其截面先擴大，就如懷海德之廣泛學習（系必修科目）般，至最大截面後逐漸縮小即集中心智，在某一學程後再經由統整而進入葫蘆的第二部分。如將第一部分視為大學，則第二部分可視為研究所，亦就是說在研究所階段也應該再次確定學生的興趣，最後再進入其最終的研究領域。如圖 12-3：

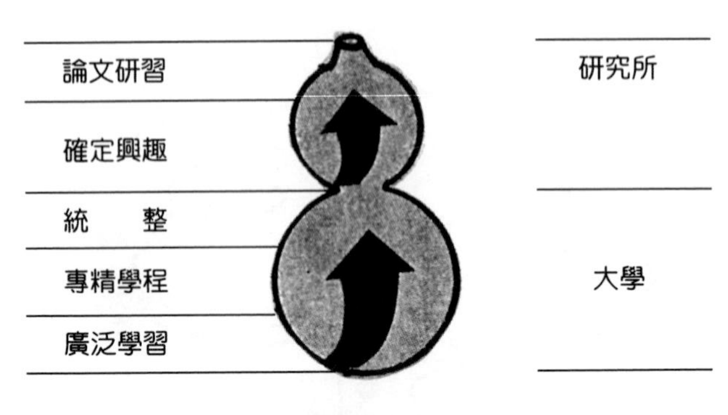

圖 12-3

五、課程的分類

(一)專業學習

前節談到之課程結構係集中在討論專業的學習，然而最終的目的是要建立觸類旁通的能力，也就是說在找到「中心」之後再出發，而擴張到七個不同的智能，故稱之為通才教育（general expertise education）。

(二)一般知識的學習

人類有七種不同智能，如希望透過某一智能的了解而擴增到其他六種，則在學校教育中，學子至少應具備一些基本認知及終身學習的意願。當然也不可能在完成學校教育之後，立即能經觸類旁通而達「究天人之際，通古今之變」的境地，它是需要經終身學習而達成的。此處廣博知識的學習稱之為通識教育（general knowledge education）。

㈢通才與通識的關係

再分別以渦流及果樹為例，在具有渦流的盆底如有許多障礙物，則渦流的強度會減弱，此處的通識即是排除障礙物或防止障礙物產生的能力；以果樹而言，地層下面的樹根從土壤中吸收水分及養分，而樹幹枝葉行使光合作用所製造出的能量及成長所需的物質，再分別供養根及枝葉，故兩者之間為相輔相成的關係。但兩者之間不宜以過度簡化的方式視之，如：自然學科的學生加強人文，而人文社會學科的學生加強自然學科。但是每本世界名著除了在文學方面的成就外，在管理上亦是一個管理的特殊模式，而文學與管理同屬社會科學。

㈣潛在課程

例如前面言及的專業科目通識化，性向、智能的再確定，導師時間與閱讀，心理諮商，教育宣導活動，分組共學，甚至多元評量，都能帶來學習態度的改變，進而埋下終身學習意願的種子。更重要的是智、體、群、美四育的教學過程中，一定要將德育融入其中。以上種種均要靠教師以潛移默化的方式滲入教學，方能有成。

六、實例介紹（以崑山科大爲例）

(一)通識教育

經由完整的輔導選課，協助學生在除了專業之外的六項智能中，至少能達到低標準，甚至超越低標準。如圖 12-4：

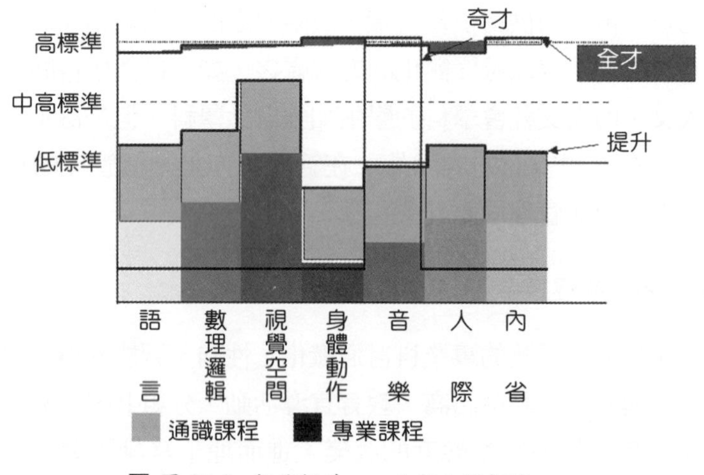

圖 12-4　智能提升——人類七種智能

(二)通才教育

學生透過專精學習找到中心而後擴增到不同學域、智能，並且畢業時能信心滿滿地成為一位具教導型的青年。如表 12-1 所示：

表 12-1

實例說明：

1. 下列試探課程爲系訂必修科目，每科須修畢，總計 18 學分／21 小時。

<table>
<tr><td rowspan="2">試探課程</td><td>纖維材料概論</td><td>纖維工業概論</td><td colspan="2">圖學(一)(二)</td><td>電腦繪圖</td><td>纖維造形概論</td></tr>
<tr><td>3/3</td><td>3/3</td><td>3/4</td><td>3/4</td><td>3/4</td><td>3/3</td></tr>
</table>

2. 下列學程專精課程爲系訂必修科目，每科均須修畢，總計 90 學分／ 109 小時，其中材料學程 45 學分／ 47 小時，造形學程 45 學分／ 62 小時。

<table>
<tr><td rowspan="9">學程專精課程</td><td colspan="5">材料學程</td><td colspan="6">造形學程</td></tr>
<tr><td>微積分</td><td colspan="2">物理</td><td>化學</td><td>材料科學與工程</td><td colspan="2">設計與創意</td><td colspan="2">織品與空間設計</td><td colspan="2">印染工藝(一)(二)</td></tr>
<tr><td>3/3</td><td colspan="2">3/3</td><td>3/3</td><td>3/3</td><td colspan="2">3/3</td><td colspan="2">3/3</td><td>3/3</td><td>3/5</td></tr>
<tr><td>纖維理化</td><td colspan="2">織物設計與分析(一)(二)</td><td>化纖程序</td><td>高分子化學</td><td colspan="2">纖維藝術創作</td><td colspan="2">織物設計與分析(一)(二)</td><td colspan="2">專題製作(一)(二)</td></tr>
<tr><td>3/3</td><td>3/4</td><td>3/4</td><td>3/3</td><td>3/3</td><td colspan="2">3/3</td><td>3/4</td><td>3/4</td><td>3/4</td><td>3/4</td></tr>
<tr><td>高分子物理</td><td colspan="2">有機化學</td><td>紡織程序</td><td>染整程序</td><td colspan="2">造形原理</td><td colspan="2">人體素描(一)(二)</td><td colspan="2">應用色彩計畫</td></tr>
<tr><td>3/3</td><td colspan="2">3/3</td><td>3/3</td><td>3/3</td><td colspan="2">3/3</td><td>2/3</td><td>2/3</td><td colspan="2">3/3</td></tr>
<tr><td>纖維製品分析</td><td colspan="2">纖維複合材料成型</td><td></td><td></td><td colspan="2">編織與手工具學(一)(二)</td><td colspan="2">設計繪畫</td><td colspan="2"></td></tr>
<tr><td>3/3</td><td colspan="2">3/3</td><td></td><td></td><td>3/5</td><td>3/5</td><td colspan="2">2/3</td><td colspan="2"></td></tr>
</table>

表 12-1（續）

3. 下列專業選修課程，總計 100 學分／ 118 學分，其中註記＊號者爲共同選修課程，計 18 學分／ 21 小時，材料學程專屬科目爲 41 學分／ 53 小時，造形學程專屬科目爲 41 學分／ 44 小時，畢業前各學程學生至少應修畢 30 學分，其中材料學程學生實習、實驗課程不得少於 15 小時。

	材料學程				造形學程		
專業選修課程	＊紗線設計	＊特殊纖品設計與應用	＊織品影像處理	＊電腦輔助織物設計	＊流行與設計	＊行銷學	＊電子商務
	3/3	3/3	2/3	2/3	3/3	3/3	3/3
	儀器分析	應用力學	物理化學㈠㈡	工程數學	視覺傳造設計	形態學㈠㈡	人因工學
	3/3	3/3	2/2 2/2	4/4	3/3	2/2 2/2	3/3
	分析化學	材料力學	工廠管理	設計與創意	藝術與文化精神史	專業英文㈠㈡	服裝設計概論
	3/3	3/3	3/3	3/3	3/3	2/2 2/2	3/3
	工程熱力學	高分子加工	特殊纖維材料	纖維理化實驗	展示設計	工業設計	商用英文㈠㈡
	3/3	3/3	3/3	1/3	3/3	3/3	2/2 2/2
	紡織實習	染整實習	纖維製品分析實習	纖維複合材料成型實習	公關策略	攝影	複合材造形㈠㈡
	1/3	1/3	1/3	1/3	3/3	2/3	3/4 3/4
	化纖實習						
	1/3						

4. 下列統整課程爲系訂必修科目，每科均須修畢，總計 4 學分／ 8 小時。

統整課程	應用纖維研討課程	專業專題㈠㈡
	2/2	1/3

七、結論

課程架構的理念應來自學校校長任內或該校的傳統中，要培養具何種能力的產品（學生）去滿足顧客（社會、家長）。例如：一九〇九年哈佛大學校長盧威爾（Lowell）提出主修及分類必修，來代替過度的自由選修。一九二九年芝加哥大學校長哈特琴斯（Hutchins）設計一種多科系組合的科目。一九七三年柏克（Bok）擔任哈佛文理學院院長時，全盤地改革通識教育。

目前國內各級學校，除了早期由美國引進的高職單位行業及七〇年代的群集課程外，後來教育廳也提出學程式、專精式及先專後廣式等等課程架構，然而在學院層次並不多見。雖然各校似乎均有所謂學程設計，然而均由學生自由選修，更缺乏輔導選課制度。切記！畢業生應具備的能力，即是學校品質的保證。

第十三樂章

成熟之路——領・悟

一、前言

個人經由模仿父母兄長開始學習，在進入學校後學習各種知識及專門技能；當學習告一段落進入職場，立業成家，生兒育女，而形成一個循環。在不同時期、不同場所、不同時間，均扮演不同的角色，有時為主角，有時為配角。主角之角色即相當於組織中的領導者。要成為一位「領」導者，除了要通過層層的磨練外，更要能透過「悟」道的過程，方能出類拔萃。唯有在愉快的學習過程後，方能跨出由「讀」別人資料，進而化育為個人的邏輯思考，成為有思想、有學問之人。故在學習過程中，應將生活中的點滴貫穿，透過不斷進階的概念，培養出具有統合資訊能力、辦事能力、人際關係及自律能力的成熟年輕人。

二、進階

成熟是靠不斷的歷練方能有成，故教育就是不斷歷練的過程。知識領域可經由累積，積沙成塔；而涵養則要透過悟道。「悟」經常給人一種印象，認為它是豁然開朗的一種，而實際上它需要經年累月的接觸、洗禮，方有實現的機會。

自從教育由政府主導後，有了普及的義務教育，它屬基本知識的學習，應是廣泛的。由於社會的分工合作及個人的智能有所不同，而需要進入深度的學習，故也有所謂的一貫課程。以階段而言，義務教育需要一貫；同樣的在非義務教育階段，一貫的需求也不能忽視。課程的一貫，實際上並沒有太大的複雜性，其實由教師所主導的教材一貫更為重要。本節引用「定靜安慮得」的「儿」字塔概念說明之，如圖 13-1：

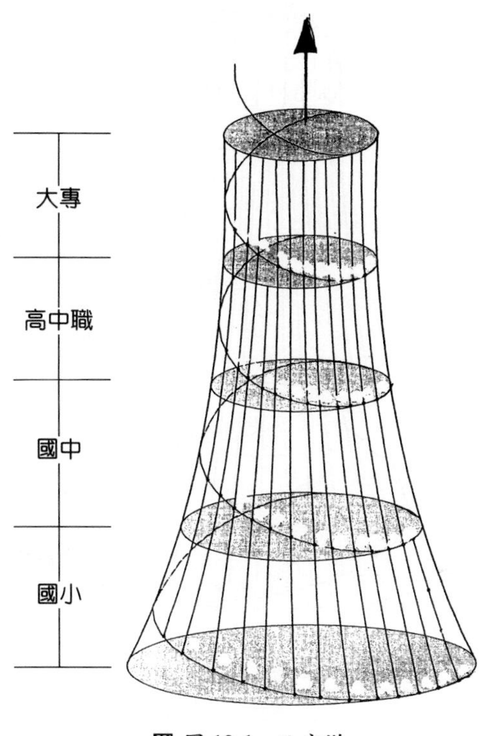

▧ 圖 13-1　儿字塔

先透過較寬廣的學習，逐步進階提升。其實每一不同階段的主政者（含校長）亦應將「儿」字塔作為施政的藍圖。下圖 13-2 是以大學為例之「儿」字塔切入點。

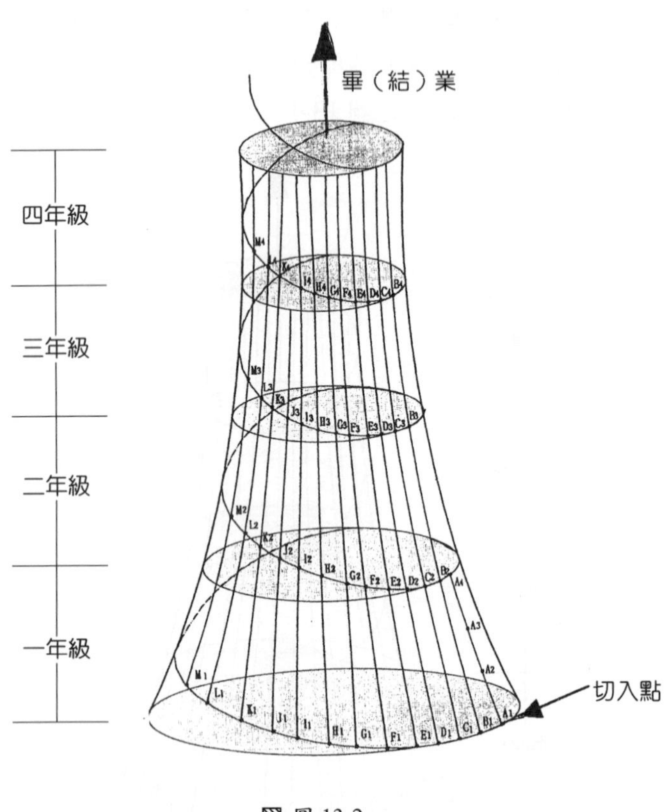

圖 13-2

三、歸零學習

高中職畢業進入大專院校的新鮮人，如何去適應大學生活與學習，首先要透過心思、情緒及學習的歸零，其次是守紀的徹底實踐，進而對團體認同，而達成快樂的學習。故進入任何一新階段時，歸零學習應為「切入點」。不論同學來自何校，大家都同時進入這所學校，人人立足點相同，不應保持原校的優越感，不能以過去高中職學校的那種氣勢來跟其他同學相處。例如：以前德國人很自傲並自我標榜，自認日耳曼民族是全世界最優秀民族，而現在的日耳曼民族已不這樣認為，已改為「日耳曼民族應該與世界各民族共榮共存」。

(一)人的基本能力

吸收、保留、判斷與想像四種基本能力是人類所具備的，其中吸收與保留是屬於學習能力；而判斷與想像能力是做學問的能力。過去在讀書時，師長經常提示要「學」亦要「問」，如此方能有「學問」，其實不然。「讀」是看別人的資料，「問」之後所得到的回答亦是別人的想法，均屬於「學」的層次；除了「學」之外，還要把學到的東西變成自己的一套邏輯思維，亦就是說能將別人的東西經過思考消化後，變成自己的一套完整思考，如此才算有學問。要不停地「問自己」，要經過判斷、想像的程序方能達成，故大專階段應是受教者從學習階段進入做學問階段的橋樑。在大專讀書除了要了解別人的論點，回答別人的題目外，還要能自己設定題目，自己找答案，這種應用已有的資源去找新的詮釋，就是常態創新的能力。

(二)創新能力之五階段

1. 準備期：大量吸收及保留有用的資料與資訊。
2. 專注期：專注有別於執著。專注就像蜜蜂採花粉一樣，牠很留意地飛向花朵，當花粉採完後非常自然地離去；而執著就如蒼蠅飛向捕蠅紙一般，愈吸愈陷入，最後再也飛不走。專注是需藉助靜心靜思的歷練，方能像蜜蜂般來去自如。

3.休止期：所謂休息是為了走更遙遠的路。在專注期如不能解決我們自設的問題，而不願抽身便是執著。故應讓身心休息，如愛因斯坦經常藉助拉小提琴時湧現的靈感，而有了許多新發現。

4.頓悟期：就像創造工學的思考般，藉由問題與身體的結合，將腦細胞間在缺乏連接樹的狀況下，經由以上的衝擊而找出關聯性。

5.落實期：將頓悟所得的定性結果具體化，使之產生新的滿意度。

㈢靜心靜思

1.摒除雜念，淨化人心。

2.紓解壓力，圓融人際關係。

3.情緒安定。

4.思考力的增強。

以上是當個人具有靜心靜思的能力，所產生的正面效能，亦正是前面言及由靜切入、經由「儿」字塔而達成「靜安慮得定知止」之不斷循環提升的結果。至於如何能靜下來，則可借用《大健康力》一書「調息法」中的「意念、內觀、斷言」的看法：

1.意念——是一種潛力，心像。人類的潛力就像腦細胞一般，有 70 %的腦細胞處於睡眠的狀態。

2.內觀——是一種內在景象的浮現，夢境即是內觀的一種。例如得了腳疾而不能行走之人，仍可以想像自己還能打高爾夫球，在草坪上悠閒地闊步。

3.斷言——處於睡眠狀態的 70 %腦細胞已經充分地開始活動，再也沒有難題可困擾我們。

四、守紀

紀律是個人面對痛苦的一套積極原則。一個有紀律的團體不是擁有一套嚴懲制度，而是警告再警告，直到完善為止。日本早期學生的成田機場事件，放火抗爭，以自由之名卻形成了暴力抗爭；如今日本學生上街頭抗爭或做無理的要求時，只會把臉塗成白臉（默戲）。有些人認為日本青年沒有膽識，其實是大企業發揮了導正的功能，而形成一種社會紀律。在此並非要求青年要逆來順受，而是強調呈現的方法及手段，也是在提醒教育機構如何因勢利導，讓青年具有一套克服或表達痛苦的原則。具體的做法可參考《心靈地圖》一書，該書提到這些原則之後的原動力就是「愛」——「愛就是教育」。

五、進階目標

當一位學生進入學校後，可能接觸到的主題有：⑴新生始業輔導；⑵社團活動；⑶行為規範；⑷集會；⑸導師活動；⑹通才課程；(7)通識課程；(8)系內活動（含刊物編輯、義工、班際聯誼）。青年如何面對這些主題的接觸而達成進階提升的功能，首先要有完整的規劃，可將這些主題與子題納入圖 13-2 的「儿」字塔中，並由新生始業輔導為切入點，讓學生立志接受美的陶冶及追求有益的目標。進階之目標如下：

▧ 表 13-1

主題	A 新生始業輔導活動	B 社團活動	C 學生行爲規範	D 集會活動
子題		運動社團與競賽		
階段	A1 團體、心思、情緒生活學習的歸零	B1 運動紀律的認知與實踐	C1 認知與實踐	D1 團隊認同與精神凝聚
	A2 紀律的實踐	B2 運動紀律的實踐與成長	C2 實踐與成長	D2 直接與間接領導
	A3 團體歸屬感	B3 運動紀律的認同與紀律	C3 認同與紀律	D3 策劃與領導
	A4 快樂學習	B4 運動紀律的自律與昇華	C4 自律與昇華	D4 顧問與指導

主題	E 導師活動			
子題	一、自我發展	二、人際關係	三、環境互動	四、學習與學術發展
階段	E1 自我探索與了解	E1 建立校園人際關係	E1 認識校內外資源	E1 1. 認識課程 2. 建立學習目標
	E2 自我確認	E2 異性交友輔導	E2 參與校園服務	E2 1. 擴大選課領域 2. 試探專業方向
	E3 自我成長	E3 親密關係輔導	E3 擴大校園服務	E3 確立專業重點
	E4 達成圓滿自我認同	E4 社會新鮮人學習	E4 社區服務與生涯發展整合	E4 1. 精熟專業重點 2. 準備進路考試

主題	E 導師活動		F 通才課程	
子題	五、生涯規劃	六、師生感性對話	一、大學部	二、研究所
階段	E1 建立四年大學生活目標	E1 建立師生情誼	F1 定向	F1 整合
	E2 探索自我與生涯關聯	E2 領導經驗之傳授	F2 試探	F2 興趣選項
	E3 認識有關的工作與職業	E3 領導技能之指導	F3 專精	
	E4 形成個人未來生涯規劃	E4 指揮與領導之運作	F4 統整	

主題	G 通識教育	H 系內活動		
子題		一、新生成長營	二、刊物編輯	三、學生義工
階段	G1 整合	H1 團隊認同與精神凝聚	H1 見習	H1 儲備訓練
	G2 興趣選項	H2 直接與間接領導	H2 執行	H2 領導才能訓練
	G3 掃除功能性文盲	H3 策劃與領導	H3 策劃與領導	H3 策劃與領導
	G4 掃除功能性文盲			

主題	H 系內活動			
子題	四、班際聯誼	五、畢業成果展		
階段	H1 團隊認同與精神凝聚	H1 實習		
	H2 直接與間接領導	H2 創作與策劃		
	H3 策劃與領導			

六、潛在學習——社團活動

在專門技能及通識教育方面是透過授課的方式去完成，這亦是一般教育工作者認為學生到校的唯一目標，故視學校為一功能體組織。而大學是從學習做學問到職場的一座橋樑，進入社會後除了繼續不斷學習外，還有三項工作：⑴義工；⑵家庭主婦（夫）；⑶有薪的職業。亦就是說，青年進入社會之後，除了專業團體（功能體）之外，尚要面對許許多多共同體的組織。學校內的社團組織是由興趣相同的人組織而成，在社團中可發掘個人某方面的潛力才藝，進而從學習中擴大視野，增廣見聞，親身體驗待人接物、應對進退之道，而完成人格教育目標，因此絕不可忽視其重要性。專門技能教育的目的在學會學習的方法，而社團活動是讓學生找到自己的興趣，並學會辦事的能力。社團活動可概略分為四個階段：

㈠認識與選擇社團。

㈡依個人興趣及性向參與社團活動發展。

㈢領導社團。

㈣指導與傳承。

以上四個階段恰好與下列培養領導能力的四層次相當：

㈠被領導。

㈡直接領導。

㈢間接領導。

㈣行政領導

行政領導工作的重點在於指導、顧問及規劃，故社團之活動的四階段是經由接觸成長而到豐收的成熟期。

七、結論

學習者先經過迥然不同的切入點——新生輔導開始導入寧靜的內心世界，社團是培養人際關係及辦事能力，甚至成為未來事業指標的重要活動；行為規範的制訂，摒除了將不良行為與習慣畫等號的做法，目的在形成由他律到自律的無形力量。再經由系內老師的潛在教化，先確定了學生的性向，進而透過課程結構培養能觸類旁通的通才能力，並由廣博通識的接觸，埋下終身學習的種子，最終達「究天人之際，通古今之變」的境界。

「領・悟」是力行與實踐的成果，就如西方管理學者所言：「Leadership, like swimming, cannot be learned by reading about it.」

第十四樂章

陪孩子一起成長

一、前言

嬰兒在一歲左右選擇與自己文化中語言相關的音素後，則其他七百九十多種與生俱來的音素隨之退化。五至六歲期間，有 50 % 的神經細胞成長完成（大腦中大約有一千億個細胞）。藉由思考，每個腦細胞可發展出二萬條連結樹。如何妥善地在學齡前給與孩子適當的培養，父母不得不慎重。

在《愛與生存》一書中，哈佛大學的史丹利金（Stanly King）、羅塞克（H. Russek）和史華滋（G. Schwatz）的研究指出：缺乏良好母子關係的人，有 91 %被診斷出罹患嚴重的毛病，如冠狀動脈疾病、高血壓、十二指腸潰瘍；而母子關係親密的人只有 45 %有這些毛病。

在《心理資訊書》中，依心理學家查仲克（R. Zajonc）的研究，美國家庭中長子的SAT分數高出其弟妹頗多。研究中指出，家庭中每增加一個孩子，SAT 分數下降二十分；而每增加一個百分點的職業母親與早期離婚率，SAT 分數下降 1.4 分。

從以上的資料得知，教育的起始點是從幼兒向父母模仿的學習開始，並且扮演十分重要的角色，因此教育主管單位如何將親子教育納入規劃與執行是一項重大課題。

二、社會現象

父母在家庭裡主導家人生活正常的運轉，每天所面對的事項可分為下列四類：

第一類：不急迫的優先事項。例如：長期計畫、生涯規劃、培養與他人的關係。

第二類：迫在眉睫的優先事項。例如：危機、緊急突發事件。

第三類：迫在眉睫卻並不重要的事項。例如：處理來電。

第四類：不急迫也不重要的事項。例如：看電視打發時間和其他瑣事。

在我們的社會中，第一類的事項幾乎完全被忽視，多數人不知長期計畫是何物！而花費最多時間的是第四類，看電視打發時間，幾乎形成一種全民文化（文化是一種氣氛、一種傳承），居家環境也配合看電視，在房間之分配及使用上也特具風格。在此借用周哈里窗（Johari Window）的概念來探討現況及改善的趨向。如圖 14-1 所示：

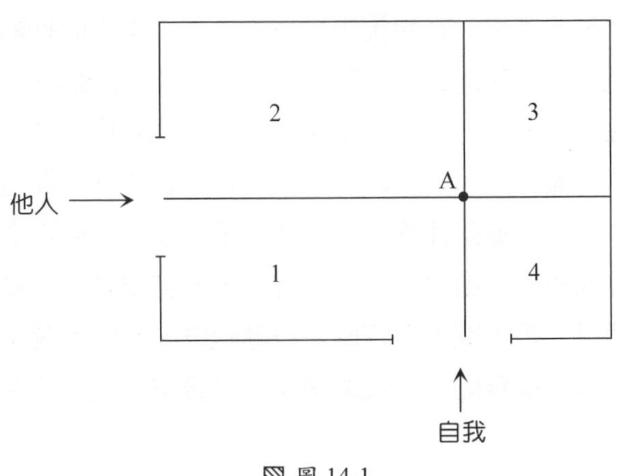

圖 14-1

圖 14-1 中將住屋分成四個區塊：

區塊 1——代表陽台或前院

區塊 2——代表客廳

區塊 3——代表臥房

區塊 4——代表書房

以上房間的大小相當於重視度的高低。自己由下向上觀察到的地點有陽台及書房；外人由左而右能察覺到的地點有陽台及客廳。由於全民以看電視打發時間，大多在客廳放了一台夠大的電視及一套舒適的沙發，空間也比一般大，反而忽略了客廳的功能，客廳應是展現主人熱誠接待客人之處，故其布置宜採溫馨的方式呈現。目前客廳卻成為全家看電視的場合，當有客人來訪，則形成客人陪主人一起觀看電視的狀況。對孩子而言，有種被干擾的感受，也忽視了應對進退應有的禮儀，所以給客人留下了深刻冷漠的印象，主人反而未察覺。書房可能包含在孩子的房間裡，而無全家的書房。在現況中學校給了孩子不少的抄寫作業，父母多半趕孩子進自己的房間唸書，自己卻在客廳享受電視節目，則發生以下的狀況：為適當維護孩子的隱私權，孩子在房間內的作為若有偏差則未能及時導正；再則學習本身並非是一種絕對快樂的事，甚至還是件痛苦的工作，當一個人有痛苦之時，重要的是要有人與他分擔痛苦，然而當孩子辛苦學習時，雙親卻在享受電視節目，親子間的親密關係日漸疏離。至於臥房是較隱密之處，大多簡陋或雜亂。兒女的房間既是書房也是睡覺處，其品質多不理想。

三、改善

如能將周哈里窗圖中的A點向左上角移動，如圖 14-2 所示，則形成書房擴大受到重視。最佳的狀況是有一個屬於全家人的書房，在眾人用完晚餐、協力處理好家務及觀賞共同同意的電視節目後，一起在書房陪孩子做功課，雙親或長輩可從事閱讀資料雜誌或其他有意義的工作。如無法找出一共同的房間，則可將餐廳與客廳做適度的調整，而作為書房之用。近年來有所謂「客廳革命」，是引進高科技的電視及電子產品，其實我們的建築師應提供「居家革命」來代替「客廳革命」。居家革命就如圖 14-2 所示，以周哈里窗的概念將房間調整，如坪數夠大時，應有一間起居室；坪數有限時，則可考慮主臥房兼起居室。至於對客廳的正確認識，應是主人與客人所共有的地方。至於所觀賞的電視節目

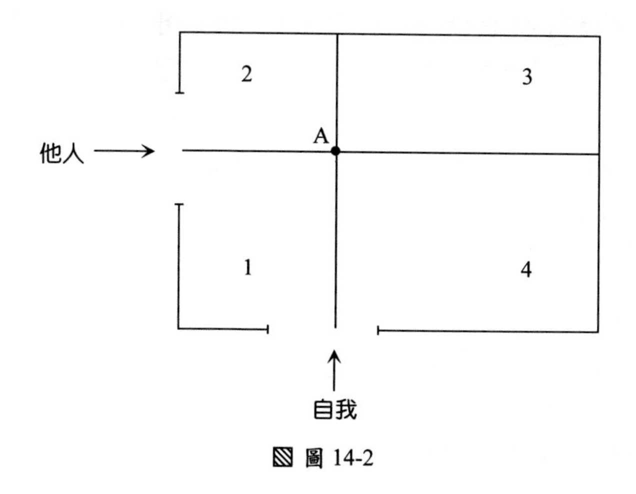

圖 14-2

是共同協商的，父母分擔了孩子在學習的痛苦時間，增加了雙親對孩子的「文化刺激」，如此方能增進親子關係。

前言中提及零到一歲間語言音素的問題，似乎可用各國音樂以二十四小時播放的方式，以確保多種音素未退化淘汰，並且在入學前應多與孩子講故事，將其已形成的腦細胞中填入適當的資料。凡此種種均須雙親從「心」裡改革，這種改革則可先從客廳、書房切入。

四、最終目標

(一)父母扮演孩子第一位「稱職」的老師

台灣省教育廳（民 80）所出版的《台灣省教育的現況與展望》中，擬推行婚姻教室計畫、親子教育計畫、學前教育計畫，促使父母扮演好第一位「稱職」老師的角色。稱職老師應具備的條件為：

1. 自我成長。
2. 接納孩子的成長。
3. 與孩子做朋友。
4. 溫馨親密的親子關係。
5. 了解個別差異。
6. 用語言行動表達愛意。
7. 尊重孩子的隱私。
8. 雙親的意見要一致。

9. 和諧的家庭。

㈡誠信的社區

由於經濟的發展，由農業社會走向工商社會，由於經濟結構的改變而造成了人口的遷移。原本農業時代的村落，人與人彼此了解互動，也可以說是彼此熟識的一個大家庭，每個人的個性及誠信均已深入村落內每一位成員的腦海中，「誠信」是人與人相互交往的基礎。當人口集中到城市後，市區內人口密度提高，人與人的交往淡薄，而形成了所謂「社會疏離理論」。同住在一棟公寓的左鄰右舍形同路人，在陌生的社會中，誠信受到嚴重的挑戰。故在西方社會中透過金融系統，來迫使人們重視其個人的信用度，西方金融體系的作法值得效法及學習。然而在台灣的社會似乎還有一項工作之推展，對民眾會產生正面效果，那便是宗教活動，如能讓宗教活動成為民眾生活的一部分，行政體系可提供讓民眾方便參加的宗教活動；而宗教界由出世的念頭轉為入世的想法，多方努力應可促成親子共同參與的社交活動。另一項作為，便是發揮鄉鎮圖書館的社會功能，使之成為每週父母帶子女必去的場所之一。以上的作法，一則可增加親子關係，再則可改善社會陌生疏離的現象，再造「誠信」的社會。

五、自我期許

能夠決定什麼該做，又能具體實現之人是為領導人。身為一家之主（婦）絕大多數均是領導者，領導者之能力可分為五級：

第一級——能力強的人。透過知識、才幹、品格，以良好的工作態度為組織做出貢獻。

第二級——合作的團隊成員。在團隊中分工且有效地與其他成員合作共事。

第三級——能幹的管理者。運用各種資源，有效率地追求既定目標。

第四級——有效的領導者。擬訂一個清楚而動人的願景，激發組織的績效。

第五級——最高境界。個性謙遜，專業意志強烈，建立持久卓越的組織。

家庭為社會的基石，唯有組織健全的家庭方能建立一個健全和諧的社會，進而讓經濟條件較差的人能安心生活、較佳的人能歡心生活，拉近全民個別的生產力，均富的社會方能實現。

六、結論

印度禪學大師克里希那穆提曾言，只有通過個體內心的全面改變，社會才能改變，世界才有和平。他相信這種徹底的改變，不是漸進而是頓然發生的。不論人性本善或人性本惡，都要藉助父母對孩子的呵護，「長其善、救其失」，經過長久的親密關係循循善誘。例如，若沒有第一個饅頭、第二個饅頭的下肚，第三個饅頭不會產生吃飽的感覺。故頓悟之前的細心全意投入，方有全面改善的可能。為了讓為人父母者投入，除了提醒是不夠的，須藉助全面品質管理的原則。國小教育是家庭教育的後一階段，國民小學期盼入學的孩子均已做好入學的準備工作，我們呼籲政府建立國小的教師能與衛生單位合作的機制，去協助社區中將為人父、人母的配偶，在他們獲知懷孕的喜訊後，能從社會得到正確的養育子女的方法，使這個社會不再是「開始做爸爸（媽媽）後，才開始學如何做爸爸（媽媽）」。

第十五樂章

校務規劃

一、前言

學校組織應屬功能體組織，然而校內之社團組織則又屬共同體組織，兩種不同組織的共通點是，均應具有明確的組織核心意識，而辦學的績效又以品質為唯一標準。在此商業競爭的年代，似乎很自然地也有優勝劣敗的想法，但是私立學校屬法人所有，公立學校仍為全民的資產，社會大眾沒有人期望看到學校因經營不善而遭淘汰。換言之，社會對學校的期盼應是社會的燈塔，具有指標作用；也就是每所學校均應具備高瞻遠矚的核心意識（含核心價值、核心目的），給民眾樹立永續經營的榜樣。是故校務的規劃不但要看得見願景，還要有具體實踐且能持續改善的作法。在本章中引用三維同步工程的概念，加上持續改善的措施，以達永續經營的目標。

三維同步工程係以願景為主軸，整合全校資源，並以清楚的定位，三者（願景、整合、定位）同步進行，以達提升校務運作的功能。除此之外，一所機構、學校組織文化的再塑或改變，也是讓學校動起來的原動力。本章中將針對學校的願景、定位及文化加以探討。

二、願景

依據《基業長青》一書的作者柯林斯（Collins）從《財星》的五百大工業公司、五百大服務業公司及五百大未上市公司、一百大上市公司中選擇七百位具代表性的執行長進行調查，最後確定的研究對象為十八家公司，即在該書中所稱之為「高瞻遠矚」的公司。經過比對分析，發現他們的共同點是在一種「核心意識」指引下，激勵公司的成員。經整理分析，該書指出這些高瞻遠矚公司的願景，大致包括兩大部分：

㈠核心意識＝核心價值＋核心目的

1.核心價值：因為堅持這個價值觀而受苦受難，仍然願意保持下去的方向。

2.核心目的：組織存在的根本原因。

㈡可預見的未來＝長程（十至三十年）大膽而詳細的目標＋生動的文字描述之圖像。

1.長程計畫目標：在核心價值的方向下，具體的措施。

2.圖像：當朝向大方向邁進並逐步完成長程計畫目標後，該單位的圖案及形象。

以上之核心意識應避免：⑴面面俱到，企圖做盡人間所有的善事；⑵宣示性文字 （人本化、全球化……）。故在該書中指出：

㈠核心意識以不超過五至六項，否則便抓不住真正的核心價值。

㈡核心意識應明確動人，十分容易透過強力對話而形成組織內的共識。

㈢核心價值為組織持久不墜的信條。

㈣核心意識不是「創造或制定」，而是被「發現」出來的。

三、發現

核心意識之發現，係透過第四樂章中引用美國羅斯福總統的三句話：「視你所在，以你所有，盡你所能」。一所學校扮演社會燈塔的功能，自然要了解社會（社區）的大環境，再配合本身所具備的條件（人力、物力……），而後以強而有力的執行力去推動，方有機會成為一所持續不斷創新的學府。

以下以彰化師範大學的願景（86.10）為例：

㈠核心意識

1. 核心價值：重視學術對社會責任的一所全人教育之一流學府。

2. 核心目的：為社會或學校培養優秀的領導人才。

㈡可預見的未來

1. 計畫目標

⑴在教學方面

①隨社會之變遷，調整課程結構，以滿足社會的需要（教務處）。

②慎編各學科教學計畫，並依計畫教學（教務處）。

③開設科目各教學單位應同時完成各學科縱橫之研討，並視學生整體學習為己任（教務處）。

④評量方式多樣化，標準多元化，以評估學生是否能掌握

各學科的「中心」重點（教務處）。

⑤透過教學評鑑，師生充分互動，確保教學品質（教務處）。

⑥將教育專業與專門科目做適度結合（教研所、各系所）。

⑦打破傳統科系，成立以系組為中心之學群（教務處、各學院）。

⑧邁向自學式的大學——教師教學著重在提出關鍵性的問題，並開列書單由學生自找答案（教務處、各學院、各系所）。

⑨教學與輔導除做好言教、身教的工作外，更應重視心教的功夫（學務處、教務處）。

⑩舉辦社團活動應力求均衡發展，以訓練學生的辦事能力和培養服務熱忱（學務處、各系所）。

⑵在研發方面

①發揮團隊研究精神，配合完善的圖書、期刊及寬頻的資訊網路，教師專長能彼此互相支援，並將學術研究結合實務開發，進而促成系、所、學校之特色之實現（建教中心、圖書館、電算中心、各學院、各系所）。

②擁有能確保企業機密之研發場所，讓企業認養研發實驗室（即出借房舍）（建教中心）。

③研發新教材教法，以提升教學效果，並為各級學校注入新知，藉以增進與姊妹學校的合作關係及吸引外籍學生（教務處、中輔室、各學院、各系所）。

④研究開發所得（專利、管理費、設備費）應與學校發展環環相扣（建教中心）。

⑤期盼教師在國際所認定的學術期刊發表之論文，平均每位每年在 0.1 篇以上（人事室）。

⑶在服務社會方面

①舉辦論文發表會，發行期刊，與學術界密切合作，以提升國內學術水準（各系所）。

②透過教育專業能力的培養，由同學們以自學式的態度，完成教學參觀、見習及實習的目標（實習處）。

③辦理推廣教育，方式力求多采多姿，提供一般民眾有終身受教育的機會，並讓想再深入研究之人士有進修深造的管道（教務處、進修推廣部）。

④規劃各學系（所）應用層面的資源，並導入社會，以扮演社會燈塔的角色（各系所）。

2.圖像

⑴我們學校的特色

①具有完善的公共設施與典章制度。

②學校整體發展，成為一有系統、有組織、有紀律的大團體。

③校內各單位為一有彈性、有重點、有特色的次團體。

⑵我們的學生特質

①舉止高雅，是位動靜自如的青年。

②好學樂學，是位能從學習中得到學習的樂趣、進而終身追求新知，並具創造力的學子。

③學養深厚，是位專門學科專精、一般知識廣博及理性與感性兼具的學生。

④力行實踐，是位懂得學以致用和如何生活的國民。

四、執行

在第四樂章中引用評鑑的 CIPP 模式，其中的 C（Context）即為願景中的核心意識，I（Input）即為十至三十年大膽詳細的計畫目標，P（Product）即為願景中之文字圖像，而最後一個 P（Process）相當於執行的策略。策略可包括：⑴整合；⑵持續改善。

㈠整合

可包括：

1. 行政方面：以ISO的精神建立⑴工作流程（含注意事項、工作時程……）；⑵各式簡介手冊指引方向；⑶境教之改善意見等等。
2. 教學方面：⑴課程；⑵生活之自律規範；⑶教學設備等等。
3. 研發方面：⑴研究群；⑵專業研發室等等。
4. 服務方面：⑴社區服務中心；⑵提升社區生活品質方案等等。

㈡持續改善措施

借用以下之工具：

1. 戴明循環：無止境的循環改進。

⑴ Check － Act － Plan － Do （CAPDCA……）

係針對已存的單位或已執行的工作所採取的作法。

(2) Plan － Do － Check － Act （PDCAPD……）

係針對新成立的單位或新制定的計畫所採取的作法。

2. 西格瑪曲線（S －曲線）：

橫放的 S －曲線其山谷的部分相當於學習準備期，成熟後爬向山峯而開始發揮功能有所貢獻，翻越頂點後效益減低，故在成熟向上爬之前，就應考量下一步驟的措施，即所謂的第二條 S －曲線，如此持續。如將峯點加以連線，則可發現此一機構不斷地在提升。

五、學校規劃（以崑山科大爲例）

(一)核心意識（Context）

1. 核心價值：是一所提供安心學習、優質教育的一流學府。
   - 一流學府── 受教者的潛能充分被啟發的場所。
   - 優質教育── 學生知道什麼是正、什麼是美、什麼重要、什麼次要。
   - 安心學習── 學習目標與標準明確，只要肯學，一定可以達成心願。
2. 核心目的：培養學生具有快速學習暨清晰思考的能力。

(二)計畫目標（Input）

1. 在教學方面

⑴透過課程結構的設計，並經由精熟學習，以厚植學生的專業核心能力（教務、系所）。

⑵編訂各學科教學計畫，使學生了解各學科之學習目標及標準，進而達成學科間縱橫的連繫（教務、系所）。

⑶運用評量多元化及高爾夫計分法的概念，突破傳統考評，使學生對其較喜好的學科能歡心學習，對學習有困難的學科能安心學習（教務、系所）。

⑷妥善運用導師時間、社團活動等時段，使之成為學生在校期間的重要潛在學習課程（學務、教務）。

⑸實施通識教育中能指引出何謂「正」—— 高的道德標準，亦能透過對「美」的認識而提升其境界（教務、通識、系所）。

2. 在研發方面

⑴研擬各系、所、院校之發展重點，將人力、物力、財力有效集中，以便能與社會、南科等等企業攜手合作（技合處、系所）。

⑵透過育成中心，讓企業認養實驗室（技合處、系所）。

⑶鼓勵教師將研發成果之論文或作品，在國際所認定的學術期刊發表或申請專利以確保權益（人事、系所）。

3. 在服務方面

⑴協助社區青少年身心成長（學務）。

⑵提供各重點研究中心之重要設備，為社會辦理技術服務（技合處、系所）。

⑶提供在職人員充分進修的機會，扮演一所全民大學的角色

（進修部、系所）。

㈢圖像（Product）

崑大的教師，對學生之教誨，
有如曾文溪水般，長流不息，
它滋潤了嘉南平原，亦洗淨萬物的污穢。
在綠意盎然幽靜的校園中，
師生透過安詳對話，探討新知，
除了追求經濟發展的技能外，
同步地亦重視自然環境的保育。
學校透過課程規劃，
專業課程，由專精到觸類旁通；
通識課程，能擴大專業學習成效；
進而達到究天人之際，通古今之變的境地。
崑大人具有行為謹慎、追求正義（真）、
剛毅（善）、自制（美）四大德的幸福之人。

㈣執行策略（Process）

1.前言

科技大學是大學教育與技職教育的整合，為因應國家經濟建設，依循產業發展，透過課程結構的設計，經由精熟學習以厚植學生專業核心能力，因此，學校行政必須充分掌握組織脈動速度與三維同步工程（願景－整合－定位；整體規劃－教師－參與－提升品質），隨時加以調整，才不至於產生斷層和落差。

本校除秉持全面品質管理（T. Q. M.）的概念，釐清學校努力的方向及重點，更以戴明循環的原則（CAPDCA……），先對學校進行檢視（Check），再提出改善措施（Act），進而著手計畫（Plan），並從事執行（Do）工作；依據西格瑪曲線原理，必須建構新的出發點，另創高峯，方能持續成長。

本項計畫細則，旨在加速完成原有規劃之重點，同時加強研究、拓展服務，以培養術德兼修之工程、管理、商業及設計高級人才。

2. 目標

以整體觀進行課程架構的研究，依據各系所之教學理念，塑造其個自的重點特色，進而培育具有統合能力的優秀人才。

以彈性原則重視個案教學，配合多元化評量，使學生對專門課程專精學習外，尚有餘力增廣見聞以補通識教育之不足。

以行政為學術服務的認知，提升行政效率，擴大教職員生參與校務的機會，以達成校務發展之共識，務使學生除能從課業中學到學習的樂趣外，並能積極參加地區合作事宜，以培養其心胸開闊的高雅領導氣質。

3. 策略

校務發展首重發揮「合作」精神，展現「團隊」力量。

⑴教學方面——透過課程結構性的調整，培養學生統整及優異的表達能力。

⑵研究方面

第一階段：組成系內研究群。

第二階段：以跨系合作形成研究中心。

第三階段：以跨校合作將研究結果落實在實務上。

⑶服務方面

a.成立創新育成中心，整合校內資源，提供培育服務，並推動研發成果管理與推廣。

b.編印技術服務手冊，以提供廠商參酌，開拓合作機會。

c.訂定建教合作實施辦法，使各系所依循加強產學合作之推展。

d.利用寒暑假辦理教師參訪活動，拓展產學關係。

e.籌設「產學交流服務中心」。

㈤持續改善做法

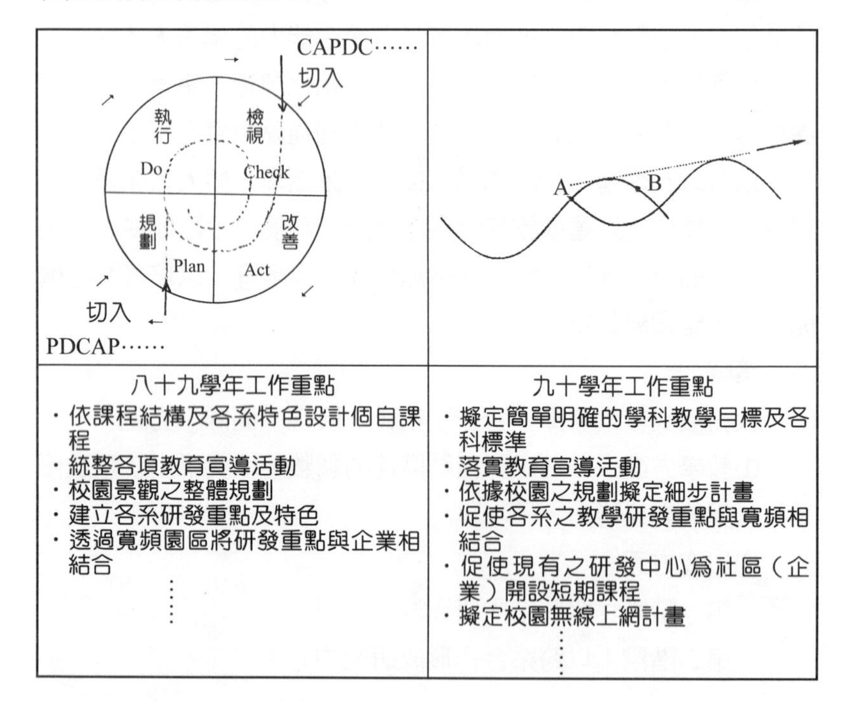

六、定位

以台灣地區高等教育學府為例，在漫長的過去及可見的未來，幾乎所有的學校均隨著教育主管單位而起舞，故全部的精力放在努力辦好學校——擴增校地，增建校舍，由省立改為國立，由學院改名大學，均與品質的提升無直接的關係。真希望有那麼一天，大家靜下來開始討論如何辦好教育——長其善，救其失（其指學生）。

近年來主管單位又拋出學校分類，如以加州為例之研究型、教學型及社區型，或者以目前研究生的人數及畢業生，而有博士研究型、綜合大學等等，從這些思路中看不到品質及配套（如校內不授課而純執行專案的教師制度等等）。目前在 SCI 及 EI 認定的期刊所發表的論文數，好像已達到相當可觀的量，如一旦宣布碩士班可免除撰寫學位之論文時，以上的數字就會十分難看。國內的各種研究獎勵，仍以過去的所謂著作等身為準則，就好像資深演員只要持續拍片就有機會抱回一座金像獎一般。是故正教授仍以篇數代表成就。在教師升等被扭曲的狀況下，以走向學術研究的論文會高人一等，然而國內的學術研究似乎與探討自然界的真理尚有莫大的距離，應用性、實務性被排斥，一則研究的結果與社會需求脫節，二則為求量而輕視教學備課的工作，殊不知研究發展的目的，在不斷更新充實教學的內涵，即使為研究型大學仍有別於研究機構。目前國內的大學、學院絕大多數應定位為：⑴教學型；⑵教學為主研究為輔；⑶教學與研究並重。至於以研究為主、教學為輔的學校，尚待努力去奮鬥。

七、結論

國內各大學要成為被認定具高瞻遠矚境界的學校，尚還有相當的距離。故可採取PDCAPD……的順序，在第一時間先確定學校最基本的核心思維——願景，並由下而上地在系所內進行人力、專業、設備的整合，形成研究團隊。第二步，立即先確定學校的定位及校內行政單位的願景（以校願景為依據）。第三步，經整理回顧後，進入第四步，院系之願景及近中程具體需求計畫，同時應研商教師之適當的權利與義務，提升其參與校務意願及榮枯與共的觀念，經彙整而形成學校的近中程計畫。以上的作為均應經過強力的對話，而塑造出一所學校的良好氣氛，並能將之傳承下去的組織文化。程序如下圖 15-1。

至於國中小及高中職之定位，如以基本觀念而言，可分為：⑴以教科書為中心；⑵以兒童為中心；⑶以生活為中心。以課程的類型可分為：⑴採分科課程；⑵採設計中心的活動課程；⑶採社會中心課程。以教育方法可分為：⑴注重嚴格訓練及懲罰；⑵讓孩子自由發展；⑶培育孩子對工作的責任感等等。

無論何級學校均應本著「視你所在，以你所有，盡你所能」的態度，建立重點發展形成特色，讓每所學校在其定位功能上均被視為具有特色的名校。

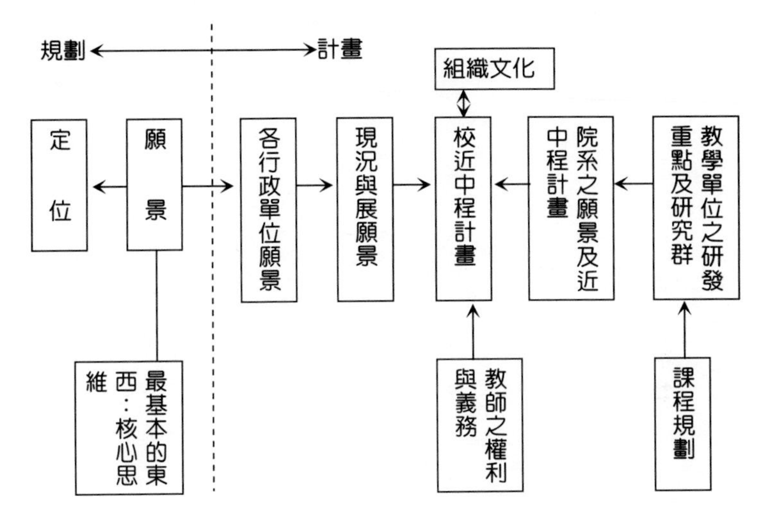
規劃
計畫
組織文化
定位
願景
各行政單位願景
現況與展願景
校近中程計畫
院系之願景及近中程計畫
教學單位之研發重點及研究群
最基本的東西：核心思維
教師之權利與義務
課程規劃

圖 15-1

第十六樂章

科際整合

一、前言

前一樂章所提及的三維同步工程中的整合，並未深入全面探討。整合的功能在於以少做多，也就是可以提高生產力，例如：第十二樂章中討論的「課程規劃」，便是將零星的學科科目填入到設計好的課程結構中，而產生教學的效果（培養出各校學生應具備的能力）。從許多位學者的報告中得知，當學生能以小組的方式進行共學，其產生的學習效果高於個別獨自的學習。學校內的教師各有不同的專長領域，如能形成研究團隊，就會產生「創造性緊張」，方能有突破性的研發成果。以上所舉的例子均屬於無形資源的整合，本樂章將針對有形資源進行探討，除可達成物盡其用外，尚期盼能有昇華的作用。

二、人力整合

(一)科系內的整合

圖 16-1 為以崑山科大應用纖維造形系為例說明，每一長方格代表系內不同教師的專長，先經由教師組成的三個研究群（生物分解性纖維製程、纖維造形應用、生物分解性高分子材料開發），再經集體研討後，確定該系的發展重點——功能性纖物的研發與應用。然而，功能性纖物包括透氣材質、防污材質、生物可分解材質等，最後以「視你所在，以你所有」的原則，而選定

了生物可分解材料的研發。圖中呈現了研究群、研發重點及待加強師資（即待聘專長）。如再輔以研究群務必向外提出研發提案的要求及適度的獎勵措施，便可產生：⑴系內設備之整合；⑵研發層次之提升；⑶角色功能的定位及了解。整合纖維材料科技與應用藝術創意，研發高附加價值之織物系列產品。其整合圖如下所示：

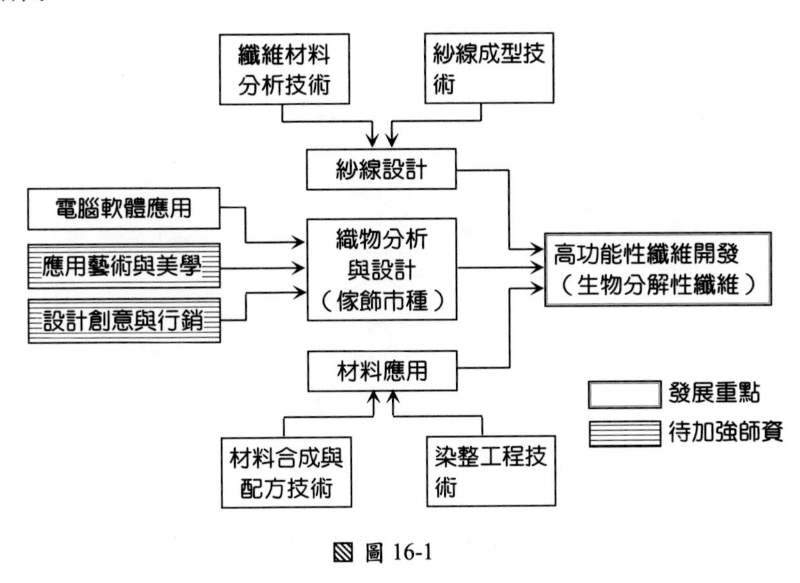

圖 16-1

㈡全校性整合（跨科系）

圖 16-2 呈現的係某大學設有理、工、管理三方面的學群，經過知己知彼（社會需求）的分析後，選擇了「人工智慧」作為全校的重點發展方向。由圖 16-2 中可知其可分為三大部分：

1. 硬體——界面、網路、結構、超大型積體電路、電腦輔助設計。主要支援科系為計算機工程、電子工程、電信工程、光電工程、電子物理；間接支援的有應用化學。

2.軟體——又可分為

⑴資訊科學：由資科系、應用數學系支援。

⑵資訊管理：由資管系支援，應用到運管系。

3.在應用方面——由控制系、機械系、土木系、工管系共同研發，在彈性生產系統及機械人等等方面。

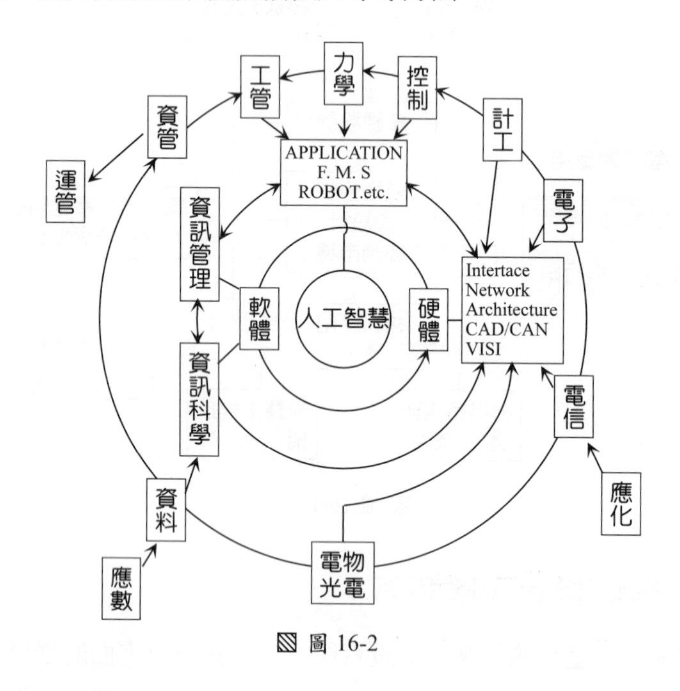

圖 16-2

㈡桌巾理論

重點應由上而下的關注，而由下而上的研討決定。故重點是在眾星拱月之下方能有成，如採一枝獨秀，則註定失敗。因此在重點確定後，就比如一面桌巾般（如圖 16-3），教師的專長分別在不同的位置，資源分配時，除加重在重點外，其他支援的領域也可適度地得到資源。也就是說在重點領域內的教師，此時扮演主角的角色，而其他領域的教師則扮演配角的角色。為了一個組織的發展，組織內的成員應抱持成功不必在我的信念，分出部分時間、精力支援共同研擬的發展重點。然而在學校這樣的組織，亦應尊重教師將其部分精力投入到自己的專長研發上。

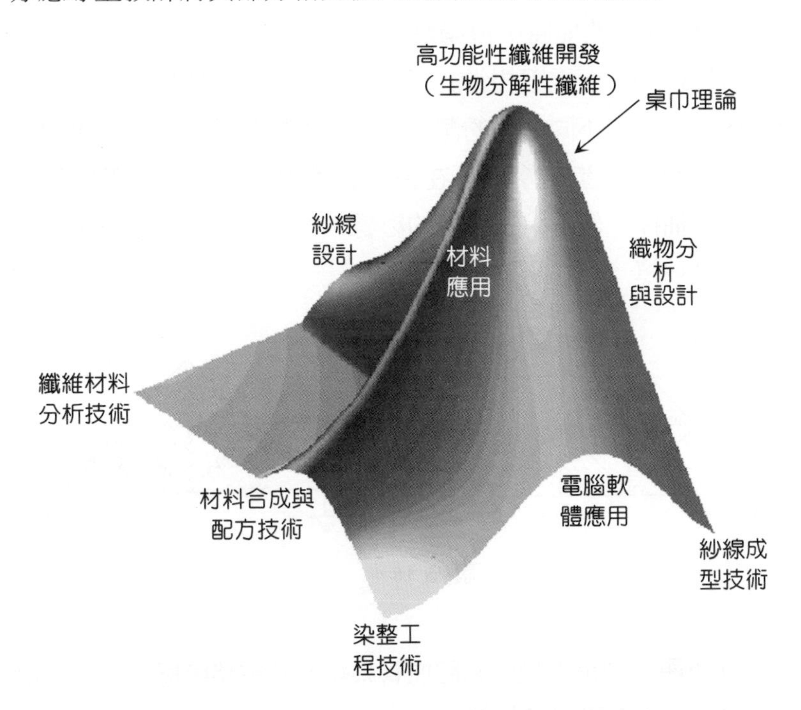

▧ 圖 16-3　各系發展特色與研究重點——應用纖維造形系

三、教學設備整合

(一)模擬設備

圖 16-4 的左半部為力學實驗室內一套分析屋樑結構中每一根柱子受力的大小設備，每當壓力（P）值改變時，柱子的受力狀況也隨之改變；圖 16-4 右半部為一電路圖，由多條電阻所組成，每當電壓（V）改變時，流過電阻的電流量也隨之改變。其中電阻相當於柱子，而電壓相當於壓力，故電路系統便是此套力學模擬設備。以兩種不同方式的測試，可促成學生對力學與電學知識的整合；更進一步，學生可在模擬設備中做一些異想天開的嘗試，例如抽掉一個電阻對系統的影響。然而在此力學設備中是不允許嘗試抽掉一根柱子的。

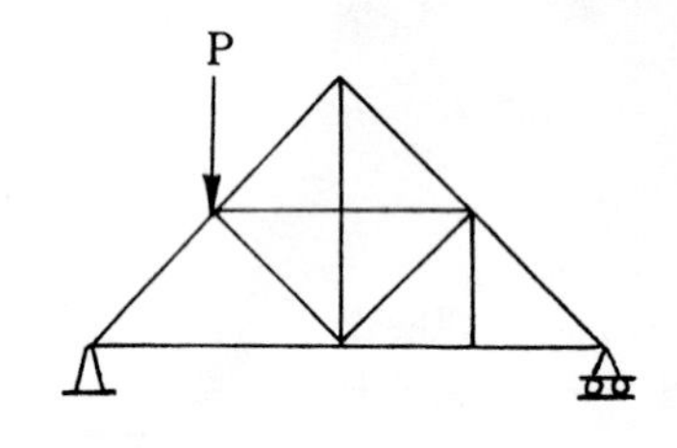

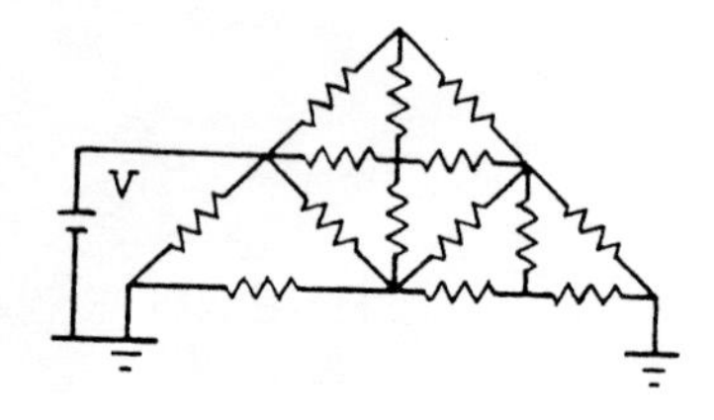

圖 16-4

圖 16-5 所顯示的是人體的動脈血管系統及其電路模擬設備。可促使生物科學與電學原理相整合。

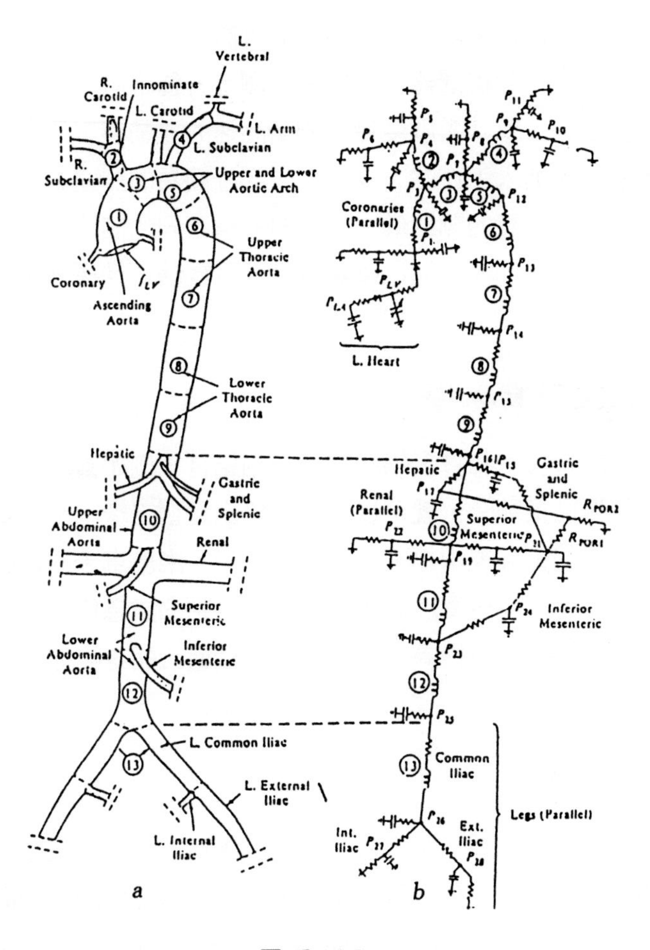

▧ 圖 16-5

(二)單項工作站

在實驗過程中，學校的儀器設備通常無法滿足學生好奇的需求。例如，進行自由落體速度測量的實驗時，學校早已設定好了一組測速儀器，此組儀器並不能用來測定各種不同對象（固體、氣體、液體），或其靈敏度無法測量高速的運動體。故在做此實驗前，學生先進入工作站，裡面有一部分簡易的測速儀或一些文字資料介紹較昂貴的測速儀。學生對各種不同的測速儀有了基本的了解後，方知學校為何以這套設備進行實驗，且提升了學生的學習興趣。

㈢實驗室與實驗場所

單獨的實驗室和實習場所亦可互相結合，例如當學生進行固體力學的振動實驗時，就可以將設備移到實習工廠，配合車床實習來進行，就會發現兩部不同車床加工時，由於車床的振動頻率振幅不同，而造成精密度的差異。若將振動的訊息傳到感測儀，並藉著回饋控制便可提高其精密度。此種結合能夠發揮更大的教學功能。

㈣實驗生產工廠

若將各實習工廠串連起來，便可以成為一個實驗生產工廠。圖 16-6 係將單項工作站、實驗室及實習場所做適度的安排而組成了一個實驗生產工廠（pilot—plant）。包括了輸入工作站（含資料輸入法、聲音輸入法、光學輸入法）將原始設計輸入，並經電腦製圖送入電腦進行分析，此時透過分析站（F. E. M. 等方法）再將定案的圖件，經由介面站送入數控工作母機，在生產的過程中尚有感測站、油汽壓站的介入。此處之工作站具有研究開發的性質，設計出最恰當的工具，以達成學校與企業合作的功能。

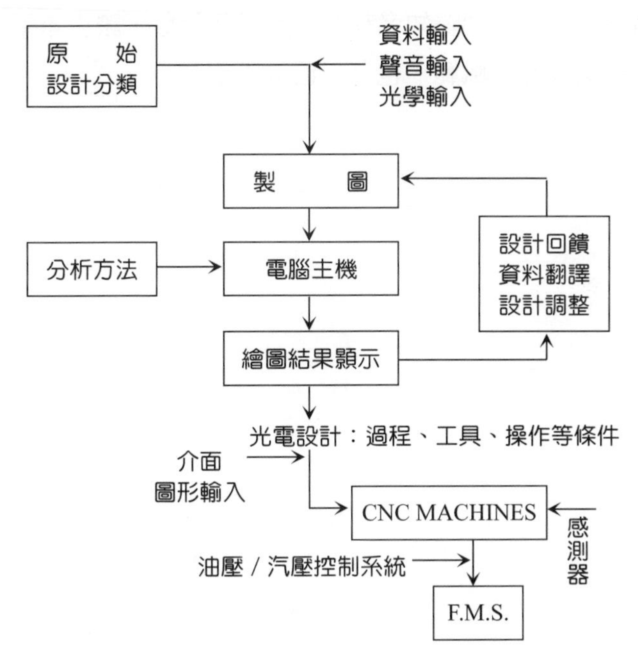

▧ 圖 16-6　實驗生產工廠（pilo plant）

四、結論

在知識經濟的時代，將知識與特定的任務結合而產生經濟效益，這種結合必然是科際整合的一部分。俗語說「三個臭皮匠勝過一位諸葛亮」，故欲成為一流大學，除了前面章節中應做好的資源整合外，尚應有大師級的教師。以目前國內的狀況，大師級的教師有待時間的磨練，如能在研究方面組成研究群，並輔以協同教學——不同時段由不同專長的教師授課。更可以此方法用短期聘請方式，邀請國際知名教師分段進行教學，讓青年學子如沐春風，親炙大師的風範，也為自己立下宏願。

第十七樂章

譬喻與創新

一、前言

譬喻可以協助我們將概念轉換為模型——這正是創新思想的基礎。而學者通常習於使用的分析模型，往往受到重重限制，又常忽略而使用了眾人不甚了解的分析方法。而好的譬喻能深入淺出地道出民眾的心聲。受教育是眾人必經之路，在第一樂章中指出，以品質為本的教育系統又是一個循環系統，因此眾人皆自認為多少了解一些教育問題。當有關教育單位提出一項措施時，為了取得民眾的支持，宜用易懂的譬喻來形成共識。例如多元入學方案，似乎就如民主政治般，如何保障較極端人士表達意見的權利；多元入學則是如何保障智育弱勢的孩子有入學、就學的機會。當社會抓到核心的概念後，多數的困難便能迎刃而解。

本章節中採譬喻的方式，來探討一些教育上的問題，期盼由此可提供一些創新思維。

二、工廠與學校之類比

(一)全面品管（T. Q. M.）

戴明所提出的全面品管概念徹底改變品管的觀點。在工廠中每一過程所產生的組件，最後經組合而成為產品。在全面品管中要求每一過程要做好品質控管的工作，並且後一過程為前一過程的顧客。將此類比到各級教育體系中，國小、國中、高中職、大專、社會教育則相當於工廠中的每一過程。每一級學校應尊重後一級學校對品質的要求，將學子培育到一定的素質。同理也可以類比，一所學校中各年級相當於工廠中的每一過程。當全面品管的概念引入教育系統後，對於老師可有所啟發：一則要教好每一位孩子，再則孩子有別於組件，不可淘汰、放棄；教育行政單位可了解到教育系統為一循環系統，各級學校的前後順序不是絕對的，而是相對的。如圖 17-1。

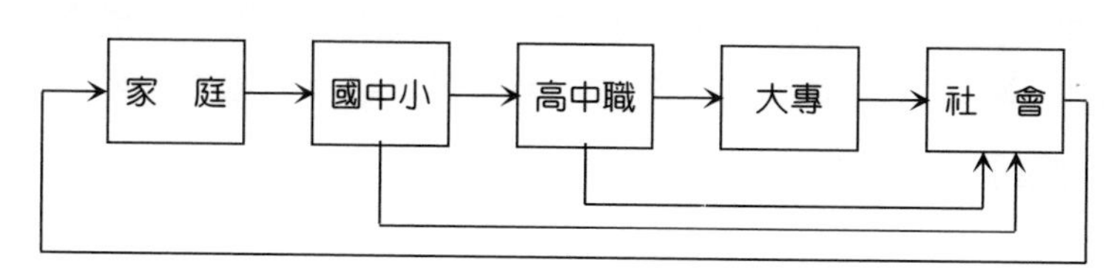

圖 17-1 成品／原料

(二)參數分析

在第十一樂章中曾介紹應用參數分析設計出新的輻射輪胎、電磁爐等等。在本節中，嘗試以參數分析法應用到家庭教育中的育嬰方面。俗語中將嬰兒出生後一段日子日夜顛倒的啼哭稱為「百日哭」，嬰兒的這種現象必然有其原因。有為人父母經驗者均了解，孕婦在夜間睡覺時，會感覺到腹內胎兒拳腳的動作。分析其可能的原因，是因當孕婦躺下後姿勢固定，擠壓而造成胎兒的不舒服所致。在市面上有一種羊水滾動的音樂，當出生後的嬰兒哭叫時，讓嬰兒聽播放出來的音樂能產生停止哭叫的效果。這是因為母親懷孕期在走動時，一則羊水受到晃動而產生聲音，二則胎兒在肚皮內晃動，而具有某種程度的舒適感。

依據參數分析法，故有人製作了羊水滾動音樂，雖有短暫效果，但仍不能解決日夜顛倒的時差問題。如以眼睛為參數，採取控制室內的光線，也就是白天室內反而暗而無光，夜間利用燈光而有適度的亮光。由於夜間亮光造成嬰兒之不適應，而閉上眼睛；白天在沒有光線的狀況下，眼睛反而放鬆，這樣對時差的處理會有說不出的功效。

第十四樂章中提到，嬰兒在零到一歲間學會了一種語音後，則其他七百九十九種音素全部退化。故在這段日子裡，如能讓嬰兒多聽一些不同音素的語言歌謠，未來對孩子在外國語言的發音上應有幫助。

三、單擺原理與孔子的教育理想

如圖 17-2 所示，當單擺的擺球在右邊的時候，代表由教育行政主管單位提供安排足夠的入學機會。此時，主管單位將學生放入學校，於是擺球向左邊晃動。由於受到阻力及某些困難，如欲使球在擺到左邊時與右邊同一高度，則需要在過程中施力；也就是說，學校內如能有因材施教的有效措施，方能將擺球推到另一高處—— 每個孩子均得到應有的照顧。整個擺動的過程是經由行政單位之有教無類的措施，及校方有效地投入因材施教的作為，最後方能達到孩子心靈受教的有教無類之理想。

由以上的譬喻，可知在校內唯一重要的工作，應是「因材施教」。

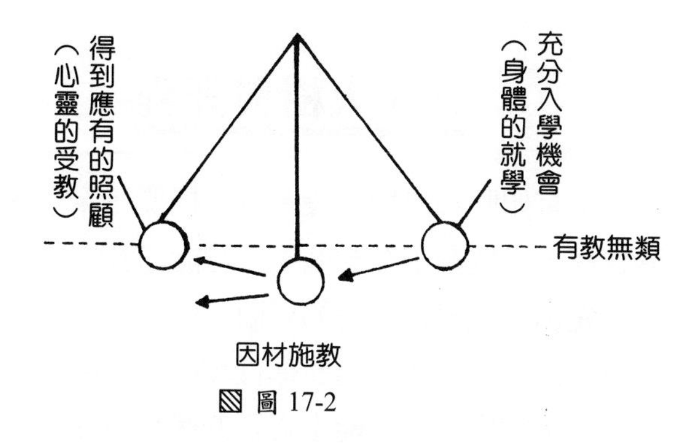

圖 17-2

四、力學、熱力學、做人做事和管理

在第三樂章「人的本質」中，以一長方盒來類比人類內在的本質，含不自覺地為他（公）及有意識地為我（私）。在圖 3-1 中，如教育的措施放在推動隔板向右移動，即是教育的作為在擴大「公」的領域。然而依力學得知，此時的隔板會左右晃動，而無法達成向右的目標。熱力學的第二定律也告訴我們，在一封閉系統中所採取的任何措施，均會造成「熵」（entropy）值的上升。「熵」值在管理學上稱之為混亂度，這也就是前面提到的隔板會左右晃動不停。如採用開放系統，則教育措施放在為自我部分，讓青年了解不合理需求的念頭應從體內排除，則隔板會緩慢地向右移動。進一步，如同時小心翼翼地推動隔板，並且教導孩子何為非分之想，則其成效會有相乘效果。

五、大樹與課程

培育學子有如照顧果樹一般。樹的根要能深且廣，相當於校內的通識課程，厚植學子在七個不同智能的基本能力；昂出地面的樹幹，首先仍呈現根幹錯綜的局面，即是當孩子經智能輔導了解自己的潛能後，仍須對其潛能進行較廣的接觸，此即為各系的必修科目；從中找出自己潛能中真正的興趣所在，而進入專精學程，相當於樹幹部分；發展到樹枝處，要靠統整的力量方能廣泛接納陽光；最後要能開花結果，便要靠學校提供的潛在課程，以達專業科目通識化的目標。這樣的課程結構，方能培育出深入淺出進入精熟學習境界，具教導能力的學子。如圖 17-5。

由大樹之結構可知，通識教育與通才教育間的關係是相輔相成的。

六、結論

教育的目的在增進受教者心靈的彈性，具有幸福的人生觀。富蘭克林認為，在教育工作上應持三項基本要因：

㈠學生必須學好基本技能：閱讀、寫作、算術、體育及能公開表達想法。

㈡將各類學問的主要內容引介給學生。

㈢教導學生發現各類知識間的關聯思維。

教育在培養學子能成功有效地解決其生活層面上的問題。影

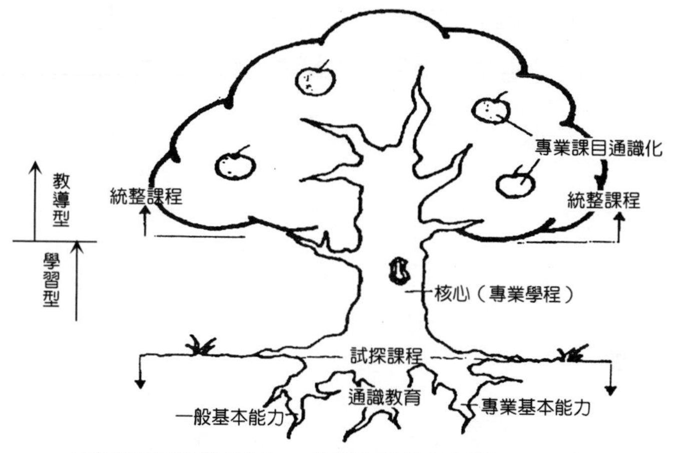

(一)有部分學科屬於「核心」，是學習專業的主要憑藉；其他學科對核心產生均衡作用。

(二)「核心」即是學程專精。

▧ 圖 17-5　歷程式套裝課程結構（Portfolio Curriculum）

響成功的要素如下：

1. E.E.：Education Experience
2. C.T.：Creative Thinking
3. S.P.：Selling Personality
4. D.D.：Directional Drive
5. C：Chance

而相互間的關係可用下列公式表示：

$$S = \left[(E.E. + C.T. + S.P.)\ D.D. \right]^{C}$$

從此公式中得知只要 E.E.、C.T. 及 S.P. 不為零，即使 C 等於零，均有成功的機會，唯一例外的因素是 D.D. 不得為零。並且 D.D. 是智慧（用來解決問題）不可或缺的決定性要素。

故教育的設計應繞著學習者的經驗，而不是教師的專業來設計。

跋

行動樂章

現在世界各地所推廣的學制，多源自西方宗教的某些制度。宗教為使人有更多的學習機會，故在教會中開闢了固定的課程以供學習了解教義。之後經過慢慢的演變，再加上美國獨立宣言中所主張的政、教分離，而形成現在的學制。教育與愛的內涵相一致，乃希望社會中每個人的心靈均能不斷地成長。

我國過去沒有固定的教育體制，先由學眾追隨智者開始而形成私塾、家庭教師。我們整個教育的精華是在一個很寧靜的環境中發展出來的，也可以說我國傳統教育的根在「靜」，從靜中發展出五千年的文化。俗語說「靜中有愛」，以致國人對「愛」的表達較為含蓄。

我國目前面臨教育的問題及對策如下：

一、招生問題

以智育成績為招生的主流，其他弱勢族群缺乏入學及就學的管道，夫子們仍本著「得天下英才而教之，一樂也」這個盲點，此有待以「教育大愛」來排除。

二、放牛班問題

任何企業之產品的優良率均朝零故障方向努力。而學校能有四分之三的學生符合要求，則被視為優良學校，以至於約有四成青年未達成學習目標而被放逐到社會；甚至更有甚者，學生在校期間就被放棄，而有「放牛班」或者「後段班」。我們要呼籲學校應在因材施教上下功夫。

三、中輟生問題

造成中輟生的原因甚多，然而學校應該是學子的避風港，或者教育行政單位應設立中途學校，採自主學習的形態，照顧這群不幸的孩子。曾有先知談到：「社會中為一件罪行所要付出的社會成本，足以培養兩位有用的人才」，故不論從什麼角度而言，教育界均應以無比的耐心克服此一困難。

四、貸款問題

教育貸款問題在政府之財、主單位缺乏正確理念下而誤導，並形成標籤作用，更加深社會取笑貧窮的狀況；再者貸款之額度，至少應包含學雜費、生活費，其實更重要的是安家費，方能真正解決人口販賣（雛妓）；並且貸款的對象應全面開放，藉此建立社會信用制度，來彌補因社會流動而形成的陌生關係，也加深了缺乏誠信的社會互動。

五、其他因執政者心態所引發的錯誤措施，如：多元入學、九年一貫教材、建構式教材等等，但只要肯用心皆屬枝微末節之事。

心理學家強調「愛」是動詞而非名詞。教育與愛的涵義相同，故再多的計畫、方案，不如簡明的願景，透過強力的對話形成共識後，主動積極採取行動。空有樂章無法淨化民眾的心靈，唯有經由交響樂團的演奏，方能奏效，《教育樂章》一書即是期能扮演提攜誘導、付諸實現之責。

參考書目

中文書目

彼得杜拉克（民 81）。**新現實**。台北：長河。

彼得杜拉克（民 84）。**創新與創業精神**。台北：麥田。

彼得杜拉克（民 84）。**後資本主義社會**。台北：時報。

彼得杜拉克（民 89）。**二十一世紀的管理挑戰**。台北：天下。

彼得杜拉克（民 83）。**非營利機構的經營之道**。台北：遠流。

唐納甘迺迪（民 89）。**學術這一行**。台北：天下。

嘉德納（民 84）。**超越教化的心靈**。台北：遠流。

派克（民 80）。**心靈地圖**。台北：天下。

柯林羅斯及麥爾孔尼可（民 88）。**學習地圖**。台北：經典傳訊。

克萊蒙及梅爾（民 78）。**經典管理**。台北：天下。

光華雜誌（民 80）。**世界著名大學巡禮㈠㈡**。台北：光華雜誌。

賴瑞杜尼嵩（民 83）。**西點軍校領導魂**。台北：智庫。

戴維斯及色特肯（民 85）。**企業推手**。台北：天下。

韓第（民 87）。**組織寓言**。台北：天下。

柯克（民 87）。**80／20 法則**。台北：大塊文化。

高曼（民 85）。**E. Q.**。台北：時報。

松下幸之助（民 81）。**松下理想國**。台北：方智。

堺屋太一（民 83）。**組織盛衰**。台北：麥田。

堺屋太一（民 88）。**櫻花之春**。台北：聯經。

今井正明（民 81）。**改善**。台北：長河。

春山茂雄（民 85）。**腦內革命**。台北：創意力。

柯林斯（民 90）。**基業長青**。台北：智庫。

柯林斯（民 91）。**從 A 到 A +**。台北：遠流。

歐寧胥（民 89）。**愛與生存**。台北：康健。

鹽谷信男（民 88）。**大健康力**。台北：台視文化。

余德慧（民 76）。**心理資訊**。台北：張老師。

英文書目

DeCosmo, R. D., Parter, J. S., & Heverly, M. A. (1991). Total quality management goes to community college. In L. A. Sherr, & D. J. Terr (Eds.), *Total Quality Management in Higher Education*. San Fracisco, CA: Jossey Bass.

Horine, J. E., Hailey, W. A., & Rubach, L. (1993). Shaping America's Future: Total Quality Management in Higher Education. *Quality Pogress*, 26 (10).

Howard, Nancy. (1993). "Implementing Total Quality Management in University Setting." Perpared for: NASPA IV East Regional Conference, Des moines, lowa.

Leonard, James F. (1991). Applying Deming's Principles to our Schools. *South Carolina Business*, 11, pp. 82-87.

Schargel, Franklin P. (1993). Total Quality in Education *Quality Progress*.

附錄一 從戴明循環看教育系統

陳倬民

一、前言

教育對一個國家社會影響之大，是大家所公認的事實。然而教育系統中各階段教育之間相互支援的工作卻少之又少，並且許多不良因素在系統中無法經由客觀的措施加以改善，使人們只看到片段而看不到整體，以致體制外的改革措施一而再地被廣泛運用。例如：為解決或減緩國民中學的不正常教學而有「十二年國民教育」、「自願就學方案」、「改善入學方式」等等。其實，可將全面品質管理（T. Q. M.）的概念引用到教育系統。作者（民國 83 年）曾提出全教育系統品質管理（Education System Quality Management），強調應以系統宏觀的胸襟來檢討，再以改善行動專注在各次系統或過程內。在採取改善行動之前應做好檢視（Check）工作，再採改善行動（Act），進而著手規劃（Plan），最終落實在實行（Do）上。這是管理大師戴明所提出的流程：檢視－行動－計畫－執行，亦即所謂的戴明循環（CAP-DCA……）。

二、教育體檢（Check）

㈠全人教育方面

目前主導教育的重要理念為「五育並重」，然而在推動的過程中卻有了嚴重偏差。例如，由教育行政系統推動的國民中學學藝競賽，是由各校推派校內一位在五育表現上均突出的學生參加競賽，而不是強調學校在其教學措施上不可有任何偏廢之處。並且，德育目前是與其他四育採同一形式來評定，這種作法是否恰當？再則在德育（公民與道德）課程的認知上有高表現的學生，是否能將成就融入其生活中去實踐，則不得而知。故目前德育或人文教育之工作重心不再是認知的問題，而是如何去力行。

㈡升學壓力與惡性補習

升學壓力與惡補兩者之間有相對因果關係，但並非絕對的因果關係，如日本學童的升學壓力並不亞於我們，但是學校卻能堅持正常教學，故惡補之風不盛。升學壓力大致可歸納為下列幾個原因：

1.升學機會不足所造成。

2.制度不良——高中職學生的進階管道不均。

3.年齡的限制（男性二十歲須服兵役）。

4.升學唯一的憑據為智育。

以上的原因均非不可抗拒的要素，但過去的改革只在「點」

上面探討，而欠缺通盤的深入了解，故至今沒有較好的解決方案。教育行政單位不敢面對惡補的根源——學校校內評量採用入學考試的評量方式（要求鑑別度），而忽視了校內評量有以下兩個重點：⑴學生學會了該會的部分（各學科的學習目標）；⑵老師講清楚了學生該了解的部分。故校內測驗的目的一是為了解學生的學習狀況，另一是為了解教師的教學能力。至於入學考試的管道，透過學制的改善行動也有正面的導引作用，使兩者相輔相成，方能有效地消除。

㈢師資培育

政府多年推動的師範教育政策為學校提供了師資的來源，但以供需而言，在供少於求的原則下（公立學校尚有不足，而私立學校師資之來源未曾納入規劃）而形成了壟斷。在缺乏競爭及社會變遷等因素下，師範校院學生的素質有下降的趨勢，如彰化師範大學的公、自費並存的校園，自費生在畢業時其學業表現反而超過公費生。公費生畢結業後再跳入惡補之路，而形成了惡性循環。

㈣終身教育

目前教育行政單位對終身教育的重要措施依舊停留在成人的識字教育及補習教育兩方面，而忽略了傳統所說「活到老，學到老」的內涵。終身教育的要旨是要使每個人在其年幼時就感受到學習是件愉快的事，並且從學習中學到學習的方法，如此方能持續樂意不停止的學習。故快樂的學習是終身教育的先決條件。

㈤教材及教法的僵化

為了升學考試時能適度減輕學生負擔而統編所有教材，其缺點便是缺乏彈性，假如教法能有適度的調整，如：國文課老師授課之順序依其個別專長（散文、詩詞……）調整，以先能引發學生的興趣為首，則至少效果會稍有改善。然而在全校統一命題的藉口下卻放棄這種教法。真要做到教材的多樣化而實現因材施教的理想，則教育最高當局必須依接受義務教育學生的興趣，編擬兩套以上教材（智、體、美），方能跳出僵化的教材教法。

㈥教育行政倫理

過去為了使教育體系能不受地方行政首長的更換影響，往往因大幅度調動校長引起不安，因此把國民小學依其大小，分為智、仁、勇三類，國民中學分為特偏、偏遠、一般的等級，希望能做到逐級調整。以上作法在行政強勢領導時有些功效，但因將學校分級，故校長在任期將屆時則要求調到大型學校，或有被降調的憂慮，漸漸地與地方民代相通，而形成由校長主動找學校，教育行政單位被架空，行政倫理敗壞，校內部分教師也受到波及而造成了上行下效，最後賞罰不明。再加上近年來泛政治化，及國家認同被有些人士納入爭議之中，教育行政體系內幾乎沒有倫理，在此狀況下，教育改革如何能有成？

三、教育改善行動（Act）

(一)德育爲重，五育並進

德育不應停留在認知上而應重在力行實踐，故應將德育融入其他四育之中，務使學生五育的表現日有所長。學生因個人興趣及家庭背景的因素會造成對某方面有所偏廢或偏好，其喜歡的部分自然表現較好，反之，偏廢之處表現不好。學生表現不好的部分，師長宜以鼓勵代替指責，並以自我比較的方式促使其進步。但是學校教育的環境也不宜像溫室一般，學生永遠沒有接受挫折的經驗，所以針對其表現較好的部分給與自我學習的機會，使其從中接受失敗的經驗，但卻能愈挫愈勇。至於如何將德育融入其他四育之中的作法，請參考作者《永遠的春天》（民 83）一書。

(二)正常學習

國中階段是青少年定型的時期，務必在教材多樣化的原則下，引導孩子喜歡學習。除教材多樣化之外，尚應有適當的輔助措施：

1. 推廣才藝教育及社團活動

對於部分對現有教材沒有興趣的孩子，使其透過才藝教育及社團活動喜歡到學校，並能拾回尊嚴進而逐漸願意接受經教育廳（民 80，81）改編的現行教材（用活潑生動的方式，如話劇、數來寶、相聲……）來學習。

2. 設計活潑、多元化家庭作業

學生在學校內所學習到的事物（做人、做事的原則），應透過實踐方能消化其所學，而家庭是一所實習的場地，故應慎重設計家庭作業並予貫徹。

3. 評量的多元化

正確評量方式可造成學生正向的學習壓力，反之則是惡補的根源。評量的方式應採多樣化，如筆試、口試（尤其應改變國人對口試之不信任的態度）。申論題應可大量採用，因此在評分時可要求的標準就不限於標準答案，還可包括邏輯分析、文字表達等等。評量的標準可分為兩類：一為團體的相對成績，另一為個別的自我比較。

(三)教師教學

1. 培育與政策

國民小學如採包班制，則師範學院的初等教育系畢結業生應定位在負責國民小學低年級的課業。到了高年級可採「分類包班制」，其師資來源為各師範學院的數理系、語文系等畢結業生。國民中學以上為分科教學，教師培育供需方面應採供過於求的方式，如此老師會安定下來，而不會不斷調動。並且以學校的立場來看也有選擇性，畢竟對不稱職教師的保障便是對下一代的傷害。

2. 教師多元化教學能力之培養

教師應透過各種進修管道，特別是自我進修，在面對學生的個別差異時，能重新組織教材並改變教學方式，方能發揮因材施教的效果。教師之間也可透過推動多時的協同教學，產生互補的作用。

㈣教育專業體系的建立

經由多方的資料蒐集分析，可知獨立不受不必要干預的教育行政體系十分重要，故《松下理想國》（松下幸之助著，葛東萊等譯，民81）一書中強調教育將走向獨立的重要性。在我國，教育部似可由行政院改屬考試院，使培育與選拔人才合一。在此等大事尚未決定之前，至少教育行政首長要建立超然的選拔校長制度，並透過出於照顧學校行政人員生活安定為出發點的調動規則，以維護行政倫理的尊嚴，進而提升校園倫理及做到社會上全面地相互尊重。

四、規劃（Plan）

㈠經費結構方面

雖然有關經費結構部分，在憲法中有明文規定各級政府對教育經費與總預算的比例，然而卻被各級政府以數字遊戲的方式所湮沒。對於目前能爭取到的數額，如何進行妥善有效的分配，各級學校更應做好發展計畫，訂定優先順序，使其在教育硬軟體的投入能逐年累積其效果。

㈡確保教學品質

目前在美國，民間從事了相當多且重要的教育活動，如學校評鑑、學生學力鑑定，經由這些具公信力的機構可促使學校教學正常化，且對學生的學習成就有一客觀的認定。教師教學不力者將會遭到淘汰，並且教師全時地到校服務（分擔部分校務）。目前國內缺乏這些客觀的工具，並且由於市場不大，民間也不願參與。所以，要靠教育主管單位來引導學校全面建立二種類型的題庫：⑴標準參照測驗題庫；⑵常模參照測驗題庫，以落實校內評量有別於入學測驗，並扭轉出考古題或故意出刁難考題之現象，也可減少教師命題的負擔，並可指引學生學習的方法（綜合出課程中的重點所在）。如能徹底地執行，將有助於惡補的消除及不當升學壓力的減緩。透過標準參照測驗亦可驗收各校的教育成果，達到校務監督之效。

目前各學科的教學目標十分瑣碎，不但學生不知各學科的學習目標，甚至教師也會對總目標認識不清，而形成了見樹不見林的狀況。

㈢落實生活教育措施

教育的最終目標應是培養出幸福的下一代，而不單是教育學生成為一個有用的人。故德育的實踐在於是否能與其他四育相融合，並在家庭中與生活起居相結合。在學校應重視各種儀式，固定的儀式可以柔軟一個人的心靈。凡此種種均要靠教師、行政人員的提攜誘導，如透過童軍活動、社團活動、茶藝、花藝等等方能有成。

㈣行政支援工作

任何一位公職人員無論是首長或幕僚均應有一項基本認識——應在現有的環境條件下謀求最大發展。目前絕大多數的教育人員在遇到突發事故時，均設法找許多藉口為自己解脫責任。譬如教師則以兼辦行政，校長則以沒有警衛或警衛不足，行政首長更簡單以「不知道」，更糟的是以傷害他人的尊嚴來推卸責任。

教育界應以創新的作為主動善用各種資源，如學校擁有運動場所，在缺乏人手管理時，可結合社會上喜好運動的人士組成俱樂部，一則對社會開放校園，二則交由俱樂部管理亦可分享俱樂部聘請的教練指導學生。如能舉一反三，則校園安全、行政支援、教師教學態度的問題均可迎刃而解。

㈤特性要因圖

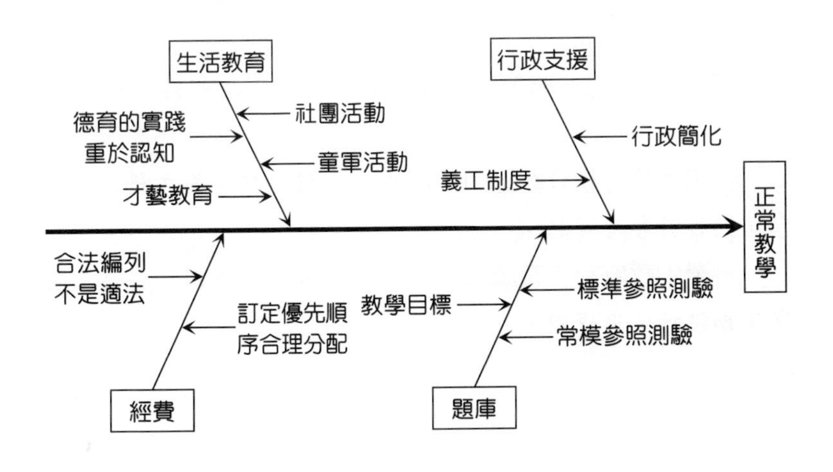

五、結語

教育改善工作似乎是千頭萬緒，然而經由全盤的了解，再加以有系統持續地改善後，似乎也並非毫無頭緒。現今的教育系統已經開始踏出了步伐，改革已上了路，但是否有成效應在於決策者執行的能力。假如步伐太慢反而會被一些負面的功能所淹沒。藉助戴明循環週而復始地檢視－改善行動－規劃－執行－檢視，必能開創美好的明日。

（本文原刊載於《中國行政》，59 期，民 85）

六、參考文獻

陳倬民、梁彩玲等著（民 83）。全教育系統品質管理與教育改革。《教育學報》。香港：香港中文大學。

陳倬民著（民 83）。**永遠的春天：教育理想國**。台北：復文。

台灣省政府教育廳編印（民 80）。**國民中學國文科第二冊教學活動設計參考資料**。

台灣省政府教育廳編印（民 81）。**國民中學國文科第三冊教學活動設計參考資料**。

附錄二 國立彰化師範大學教育振興方案與全面品質管理

陳倬民

摘要

台灣的大學對於成為一流學府的看法，均定位在「教學」、「研究」、「服務」，及校內各科系所全面地具有世界上最好的（昂貴的）設備、房舍，而忽略了大師級的教師、課程的架構、學生素質的提升等方面。透過全面品質管理（T. Q. M.）的概念可釐清該努力的方向及重點，特別是師範校院其畢結業生對教育系統及社會的影響甚鉅，更應以顧客（社會、高中職、國民中小學）的需求培養最優秀的學生。本文引用戴明循環（CAPDCA）的原則先對學校進行檢視（Check），再提出改善行動（Act），進而著手規劃（Plan），並且從事執行（Do）計畫工作。因為前後僅只有兩年的時間，雖在顧客優先、過程改善投入了時間及精力，但在全員參與方面尚待加強。故在第二循環再次檢視時，應有更進一步的補強措施。

一、前言

大學教育在教育系統中為各級教育的最後一個階段，然而其畢業生進入社會再經成家立業之後，其子女又回到國民教育之中，故依據 T. Q. M. 的概念中下一製程為本階段的顧客而言，則大學教育的品質如何確保讓社會滿意，進而對其上游階段的高中職教育負起提攜誘導之責，此乃是從事高等教育工作者日日思念之事。

T. Q. M. 在教育方面的引用已有多年，其中哈瑞利等（Horine, Hailey and Ruback, 1993）的報告中指出，有一〇五所公私立學校及四十六所社區學院進行教育品質管理的工作。作者（民 83）更將 T.Q.M. 的概念及作法對整個教育系統加以檢視，即過去將一所學校視為單一系統，進而提出全教育系統品質管理（Education System Quality Management）。大學教育一為教育系統中的一環，且其對上游階段負有領導之責，而高等教育中師範教育的責任更甚於一般大學，因為其產品（學生）會進入國民中小學、高中、職擔任教職，故其影響是全面的，如圖一所示。

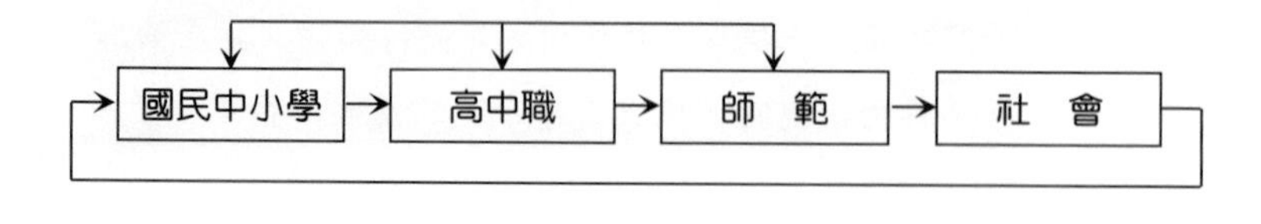

圖一

國立彰化師範大學為了提升畢業生的素質，運用戴明循環（CAPDCA……）——檢視、改善行動、規劃、實行來改善教學、研究、服務等大學應具的功能。

二、狀況分析

本校早期為一所管訓高中，先改制為中等教師研習會，再由台灣省省屬學院改為國立學院，最後定位為國立大學。故在先天不良的情況下，雖經同仁的努力，但仍有以下不尋常現象：

㈠預算編列：係由校長、會計、總務的共同參與，故缺乏全面的參與，而在中央政府對教育經費有較大成長之時未能掌握時機，年度預算的額度經常排列在倒數的名次上。但在決算的資料上又屬於全國倒數第一名（八十二年度）。

㈡需求方面：教室的使用率已高居 92 %，多數教學單位沒有專業教學所需的空間。安定教師之研究室、宿舍均大幅度落後所有學校，也沒運用政府的輔建計畫。但另一方面在擴增的校區中已完成的宿舍、教學大樓又閒置未用。更甚者，又接受教育部的要求增設美術及地理兩系。

㈢行政支援：教師為較高級的人力資源，但許多教師花費過多精力在非專業工作上（如打字、描圖、採購……），並且在師範校院更將助教（民 83 年修訂大學法之前）投入擔任行政助理，使得教學支援不足，行政協助也兩端落空；其餘如人事、會計、總務等的不當措施而造成的行政效率問題，更是不勝枚舉。

㈣教學方面：課程中系必修由中央統一規定，而選修部分又沒有一套課程結構；評量方面仍以紙筆測驗為主。

㈤研究方面：在國內各大學的部分研究工作均停留在個人的單獨研究，甚至沒有研究生的參與（設有研究所的科系）；師範院校的研發工作多來自教育行政單位的委託，多不具學術性，較屬於個案研究（case study）；更有甚者，尚有十年以上沒有任何著作（論文、報告、書籍）；論文出版方面，依教育部之定位，由書局出版便可被認定為出版的著作。

㈥對社會的服務方面：師範院校對其輔導區內的國民中小學有明定的義務，但這些輔導僅流於形式，而對實質方面較不具成效，對社區的結合及領導亦尚未開發。

三、改善行動

㈠檢視已擬訂的校務計畫，其中內容豐富、方向正確，唯一遺憾的是停留在理想層次，而未有執行方案。故立即採取擬訂中長程校務發展計畫細則，逐年訂定重點工作項目，落實校務計畫。

㈡大學應具備研究、教學、推廣服務三大功能，但也因個別狀況而有其特色，不論其定位如何，均應以邁向一流學府而努力。一流學府的定義沒有統一的定論，目前本校則以三大目標為導向：

1. 有良好的圖書設備、實驗室及教師。
2. 有幽靜的環境供師生「思考」、「想像」、「冥想」以及「安詳的對話」。

3.一方面求其「大」，另一方面要能維持一個「小」。

㈢行政效能

訂定行政系統的工作流程，一則落實代理人制度及使新進人員能立即進入狀況，二則使工作制度化、標準化。

㈣適度減低教育工作負荷

1.依法令酌降教師每週授課節數。

2.經由課程規劃減少教師每學期授課科目數（目前部分教師每學期開設四門以上學科）。

㈤各系所特色之研討及員額之確定

1.經由各系所依現有教師專長，訂定其發展重點，逐漸形成特色。

2.配合以上重點發展研訂增聘師資未來需求表，並明確告知各系員額編製，故各系可了解其人力資源及可能之發展。

㈥預算制度之調適

要求各學術及行政單位研訂經費使用進度表，並且每月追蹤執行不力的系所，超過時限之後，收回重新再調配。

㈦發行「校訊」

師生應廣泛地共同參與校務之推動，但此首重溝通及宣導。希望校內所有人士能透過了解充分地討論，而不是以「不知道」為由，而對校務漠不關心。

四、規劃

為了達成一流學府的三大目標，對教學、研究、服務三方面再進行實務的規劃。

(一)目標一：有良好圖書設備，實驗室及教師

1. 圖書館應具備以下三大功能

(1)找尋資料的場所（含透過館際合作）。

(2)討論問題的場所——研討室的充分利用。

(3)寫作的場所——研究小間的有效運用。

並擬訂圖書倍增計畫以改善館藏。

2. 實驗室

(1)研究用：儀器設備均應具高度精密度。

(2)教學用：透過以下兩項工作發揮功能。

①現有設備旁增加模擬設備一套。

②現有設備旁加設工作站（書面資料或簡便設備）。

3. 教師方面

因對所需新進教師的專長已進行規劃，故一則廣徵人才以擴增教師，再則原有師資透過課程的重新規劃，使學生能經由學習學到有系統、有組織的知識而不是資料。基於本校之師範特性，課程可分成三大類：

(1)專門課程：通才能力的培養，使學生具備觸類旁通的才能。

①規劃理念：在今日教育分工且走上專門化的路途之時，卻未能提供教材的深度及啟發性。我們認為一切學科無論多專門化，皆連接一個「中心」，故教育的過程應該經由專門訓練後去找尋這個「中心」。

②課程結構

a.定向——潛在課程，透過系所主任及教師讓學生了解未來之發展及方向。

b.分化——各系雖已細分，但仍包含不少學域，故透過廣泛的接觸，讓學生了解各學域的內涵。此為一般通稱之系必修，亦即該系課程結構中的廣度課程。

c.專精——為各不同學域而設計的學程課程，此即所謂深度課程。

以上兩項著重在學生分析能力之加強。

d.統整——為啟發性的課程，可經由專題研究（製作）而達成，重點在加強學生的綜合能力。

⑵通識課程：培養學生具備「究天人之際，通古今之變」之能力。

①規劃理念：希望本校任何一位學生在這方面所接受的學分（時）約占其總學分（時）的三分之一。並且經由規劃委員會所確定的內容，本校每一位學生均有接觸的機會。

②課程結構

a.包含共同學科（國文、外文、歷史、立國精神）及體育、軍訓。以上各科具有一共通性——便是過去或多或少同學已經有所接觸。故應先行整合各科教材，再有選項機會。

b.上項無法納入的內容再透過至少八個補強學分進行之。

c.選定內容的原則為：統整性、常識性、多樣性和區域性等等。

⑶教育專業課程

①規劃理念：期盼教育課程與專門課程能有適度的結合。

②課程結構

a.基本概念科目。

b.應用有關之教材教法。

c.教學實習：建立教學實習學校制度。

㈡目標二：有幽靜的環境供師生「思考」、「想像」、「冥思」，以及「安詳的對話」

• 作法：引進參議會的制度，由教師、職員、學生組成，對學校行政、學術有充分對話的機會，以促使校務更合理化、民主化。

㈢目標三：一方面要求其「大」，另一方面要能維持一個「小」

• 作法：

1. 社區服務之加強，如成人教育、社區心理諮商及潛能發展中心。
2. 校內小團體之再生，如研究群之組成、全體性的同儕輔導等等。

㈣特性要因圖

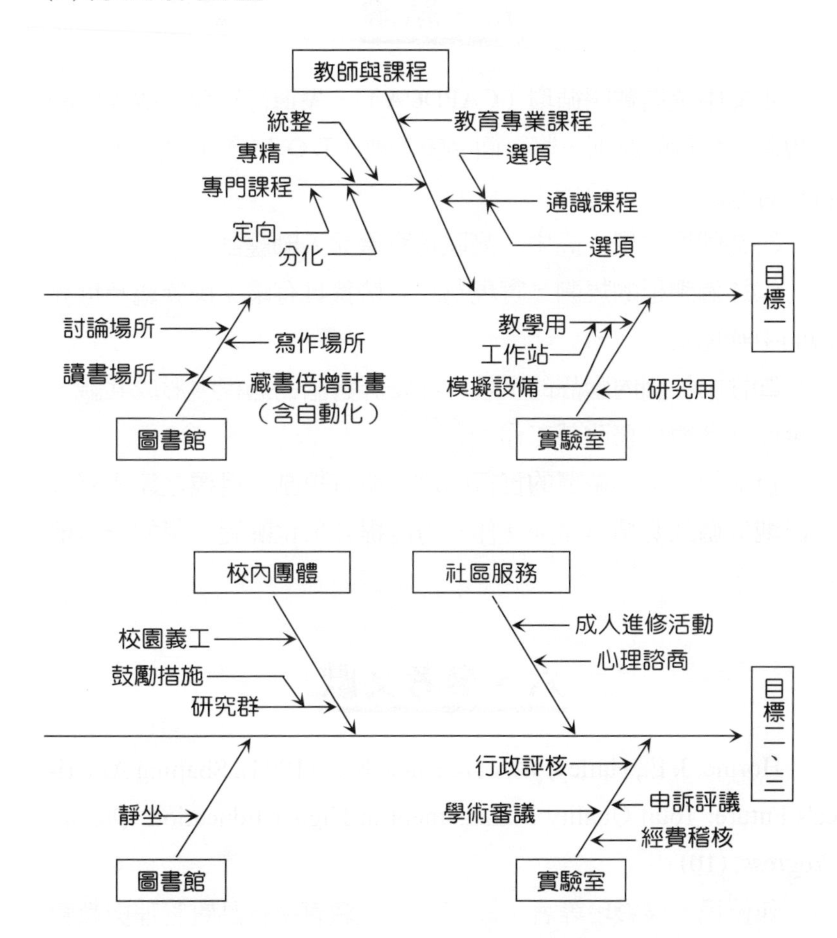
教師與課程
統整
專精
專門課程
定向
分化
教育專業課程
選項
通識課程
選項
目標一
討論場所
寫作場所
讀書場所
藏書倍增計畫
（含自動化）
圖書館
教學用
工作站
模擬設備
研究用
實驗室
校內團體
社區服務
校園義工
鼓勵措施
研究群
成人進修活動
心理諮商
目標二、三
行政評核
學術審議
申訴評議
經費稽核
靜坐
圖書館
實驗室

五、結論

本文中透過戴明循環（CAPDCA），先進行檢視－改善行動－規劃－實行的原則，將全面品質管理（T. Q. M.）的理念融入現行教育系統中，希望能：

㈠為國民中學、高中、高職培育優秀人師經師。

㈡透過課程的規劃，實現為社會培養具有國家民族觀及世界觀的中華兒女。

㈢經由校園內幽靜的環境，在安詳對話的過程中形成共識，且全面地參與校務改善工作。

目前尚在第一循環的實行階段，所有規劃及目標之達成有賴不斷地依循戴明循環原則運作，方能提升彰化師範大學的學術地位。

六、參考文獻

Horine, J. E., Hailey, W.A., & Rubach, L. (1993). Shaping America's Future: Total Quality Management in Higher Education. *Quality Progress*, (10).

陳倬民、梁彩玲等著（民 83）。全教育系統品質管理與教育改革。《教育學報》。香港：香港中文大學

附錄三 前瞻技職敎育

陳偉民

在十九世紀時，經濟學家均認為要提高生產量，唯有工人要更勤勞、工時要更長方能達成。但美國工程師泰勒（Taylor）在一九一一年提出「科學管理的原則」後，促使生產量大幅的提高，當藍領工人的收入提高、生活改善之後，卻變成了「中產階級」和「資產階級」。到了一九七〇年以後，自動化生產的系統設計完成，更促使生產重心由工人轉移到知識工作者身上。換言之，今後將面臨的是一個後企業知識社會，將改變過去人隨工作走的狀況而成為工作隨人走，故國內的技職教育務必提早完成具有前瞻性及全面性的革新，方能立足台灣、放眼世界。

一、檢視

㈠高職部分

1.課程僵化

民國七十四年左右，工業職業學校課程由過去的單位行業課程開放為二：群集式課程及單位行業式課程，期望能跳出唯一的課程結構，但在體系內缺乏共識的情況下（認為群集式是進步的、新的），並且為了提供部分採用群集式課程的學校建立基礎實驗設備費用下，也發生了誤導功能，以致幾乎絕大多數倒向群集式課程。直到第二年再確定了階梯式延教班課程後，工業類科似乎才有了形式上的多樣化（到如今延教班尚未正式納入體制），至於其他類科仍舊未能跟進。目前影響所及因為課程缺乏彈性，各校的目標均鎖定在升學，而未能充分與其所招收之學生程度相配合。

2. 技術專精

學校內有關之教學設備（實習方面）不易超過企業界所使用的機具，故經常會有一段落差。並且學生在學校的學習原本即有別於職訓中心，故學生在技能專精方面未能達到較高境界。

3. 升學的誤導

技職教育與高級中等學生數之比約為七比三，這個數字成為國內官員津津樂道的事，但卻隱含了犧牲絕大多數青年的希望，一則因為技職管道進修機會不足，二則在社會上造成二等青年的錯覺。故高職的學生、家長及教師均想藉升學來肯定自己。教育主管單位未能投入心力開闢技職體系中的完整管道，以致目前扭曲職業教育的功能。更甚者，台北市高職聯招簡章上居然載明各校之升學率。

㈡專科部分

1. 五專學制

一位十五歲的孩子在沒有做好充分的準備工作時進入五專，則要投入五年漫長的時間；並且前三年又視為高職教育，在結構上形成斷層。五專目前受歡迎的原因為國中畢業學生考上五專後，在社會上被視為大專學生，而不是在其內涵的吸引力上。

2. 二專課程

高職學生進入二專第一年是修習共同學科，而第二年即準備畢業，實在無法在技能方面或邏輯分析等方面有所加強，故經常有許多大型企業不招考二專畢業生。

3. 技術學院

⑴特色

過去有很長一段時日，技術學院與一般工學院的差別在於招生對象的不同，而不是其課程、研究題目等方面。目前稍有改善，但在開發研究的內容中是否涵蓋可行性、經濟效益分析則尚待努力。

⑵自主與社會需求

在校園自主風吹入之後，公私立學校忽略了他們是社會的公器，自然將社會需求——什麼樣的學生、什麼樣的研發是對社會有實益的問題置於腦後。

二、改善行動

㈠高職爲符合地區之需求並對不同興趣、性向的孩子提供學習的機會，則其課程應朝至少五種不同結構進行試辦

簡要說明如下。

1. 學程式課程

此一課程，即讓普通科二、三年級學生利用選修時間跨科或

跨校選修學程式課程，使其在畢業後能有一技之長。

2.群集式課程

職校工業類科自民國七十五學年度實施新課程標準，將性質相近的職業類科歸併，使修畢此類課程之學生，將來能在這一職業群中轉換，而不須太多的「再訓練」。學習科目則以先廣後專的階梯式排列，較強調基礎學科，使學生在廣博的基礎上循序漸進，培養專業技術，及其適應變遷及自我發展的能力。

3.專精式課程

此一課程比單位行業式課程更加專精，即是在單位行業式與學程式課程設計基礎上，再將其內容予以充實、分化，進而設計成完善的三年專精教育課程，使學子們能學習到更專精的行業理論與熟練的技能，以適應急遽變遷的社會，及迎接高科技時代的來臨。

4.單位行業式課程

以往職業教育課程的設計，因受傳統單位行業訓練的影響，實施行業課程，較偏重專業技術，以培育學生成為熟練之行業技術基層人才為宗旨。

5.專修式課程

即現行「延教班」先專後廣的課程，屬單位行業式課程之衍生課程，特別注重實用；教材較簡單、易學，並採年段式教學，每一年段均可自成一個完整學程。學生於受完一階段教育後可以離校就業，待其認為有必要時，再返校做下一階段的進修，使理論與實際能充分配合。

年級＼類別	學程式	群集式	專精式	單位行業式	專修式
第一年	一般	一般	應用科學	專門 （陶冶）	專門 （訓練）
第二年	一般	專門	專門	專門	專門
第三年	專門 （學程）	專門	專門	專門	專門 （陶冶）

㈡開創技職教育進修管道

在後企業社會中，過去的藍領工人將會以知識工人的形態出現。故建議改善行動如下：

1. 五專改制為二年技術學院

五專均改制為二年的技術學院，招收高職的畢業生，在現況下可擴大二・五倍以上的二專容納量，以照顧高職的弱勢學生（高職生如與高中生一同爭取大學入學機會，則為弱勢學生）。並且由於二年的技術學院招生時，可以配合原高職的學習，亦有導正目前高職開設升學輔導課的不當。而目前的二專自然地亦改稱為技術學院（現在的技術學院為讓民眾了解學制結構則改為技術大學）。

2. 廣設各類技術大學

在政府欲大量提高每千人口中的大專學生量之際，其重點應放在技職體系中，借此健全技職體系的暢通及完整性，亦能適度改變技職體系的學生及社會將之視為弱勢族群的眼光。在增設的過程中應該考慮到各類別的均衡發展。

3. 技職教育的正常化

在暢通後的技職教育體系中，各級教育及同級不同校，可依課程之不同招收不同的學生，方能執行因材施教，而不至於為了提升而轉投入到純學術領域。原有二專及五專改辦為技術學院後，在學校的重點特色上，部分學校可放在技術的提升，也可有部分學校以加強邏輯分析為主。而技術大學招收從技術學院（原二專）畢業的學生也可設計一套四年教學進程，完成四年學業後可授予碩士學位。

在技職體系內應重視專門（業）課程的通識化及基礎科學（物理、化學）的實用性，務使技職教育體系內之進修管道有別於學術體系的升學方法。

三、全面品質管理之引進

㈠重視過程的概念

以技職系統而言，高職→技術學院（原二專）→技術大學→社會。在進修管道及各校特色建立後，專業技能成熟的畢業生也有進修的機會，則各級學校便是系統中的一個過程，在各得其所下便應全力投入做好自己份內之事；也可說為了讓自己的學生有進修提升的機會，則應依各級學校教育目標從事教學。如再把一所學校視為一個系統，則校內各學科之學習便為一個過程，則每一學科應依其原訂目標進行教學與學習。

㈡體認「下一個製程（過程）爲前一過程的顧客」

各校在訂定特色重點後，上游學校為了讓下游學校及社會對其產品（畢業生）滿意，故在心態上便要做到照顧到校內每一個學生。如欲照顧到每一位學生，則其唯一的方法便是要能做到「因材施教」，使每一位學生得到應有的照顧，進而達到「有教無類」的崇高理想。

附錄四 校務提升的概念作法及具體措施

陳偉民

摘要

一所一流學府除了應具備良好的圖書設備、實驗室及老師，幽靜的環境供師生「思考」、「想像」、「冥思」以及「安詳對話」，一方面求其大，另一方面要能維持小而美之外，是否還應具備高瞻遠矚、歷久常青的核心價值目標，更是在近世紀各國高等教育發展過程中，當企業管理經營被引進後的當務之急。

本文引用三維同步工程、脈動速率及高爾夫計分法等等概念及工具，企圖提供一套低成本、高效益的方法；且能以持續改善的態度將學習型組織提升爲教導型組織形態。老師與學生之間，是透過課程規劃去實現大學通才教育的理想。課程規劃的架構應包括：(1)廣泛學習；(2)專精研讀；(3)統整三大部分，有了完善課程架構及優良師資，則作育英才的理想方能指日可待。

一、前言

在二〇〇二年八月出版的《天下雜誌》「你是危機中的領導人嗎？」一文中，介紹數位管理大師的看法，其中麥可波特（Michael E. Porter）強調企業的策略要從「正確的目標」開始：「只有一種目標可以支持企業的長遠策略，那就是企業目標一定要超越獲利，如果你的企業存在只是為了變得更大或是成長更快，那麼你的企業很快就會遇到問題。」在波特心中，企業的策略應該是指企業要嘗試傳遞給顧客的核心價值，也是和你想服務的那一群顧客有關；而且確定了企業的策略後，就要持續而且強有力的讓顧客和員工了解。

以目前而言，許多大學的領導人均嘗試以企業的精神融入學校的管理與經營。由波特的看法，對國內私立學校提供了數點指標：⑴停止追求更大；⑵要有辦學校之外更宏偉的目標；⑶目標確定後要持續地讓校內外了解。故學校的運作不應該是小心翼翼地在玩拼圖遊戲，而是好像在玩積木遊戲一般，有理想、有目標，並且在堆積木的過程中，隨時都可以發揮個自的奇思妙想。

學校的主要任務，是在短期內培育一批品學俱優的青年注入社會，其對象是有生命並且是流動的變量（每年教導的學生均在改變），所以學校的改革措施不宜採再造工程，其費時且不易得到實效，本文中提出三維同步工程以代替組織再造。學校的工作是一棒接一棒，並且應該是一代比一代優秀才是，故一定要有持續改善的思維及作法，方能達到品質提升的要求，故採用脈動速率的概念，並使用輔佐的工具，如：西格瑪曲線及戴明循環等等。過去的想法——「得天下英才而教之，一樂也」，乃是因過去的社會單一，學習的目標也單純，所謂的英才是以單一的價值觀來認定。但根據心理學家的分析，人類至少具有七種智能，而如何能實現孔子的理想——有教無類、因材施教，便是文中的重點工作，在方法上可採高爾夫計分法，讓學生對心其喜好的科目能「歡心學習」，而對於困難的科目能「安心學習」。任何一件工程或單位，當其架構確定後，其結果已經被定性，所以學校內的課程是教導學生的根本，因此學校應有一套個自的課程架構。在文中提出「歷程式套裝課程」結構，將學生由學習者提升到具有深入淺出的潛能，去推介個自所學。

二、三維同步工程

顧名思義，三維同步工程（3D – Concurrent Eng.）是三件工作要同步進行，這兒的三件是願景（vision）、整合（integration）及定位（position）。

(一)願景

依據《基業長青》（民90）一書中，介紹一所期盼能永續經營的單位，其願景應包括四部分：

1. 核心價值：組織朝向目標方向努力時，即使受盡苦難，但仍願意全力以赴的東西屬之。

2. 核心目的：企業中超越獲利的目標屬之。

3.未來十年以上，明確要完成的工作項目。

4.文字的描述：當全力朝向前三項方向進行後，該機構會有什麼樣的成果，應用生動的文字加以描繪。

㈡整合

校內的人力、物力、設備、課程，應有選擇性的投入，方能逐步建立個自的特色。

㈢定位

學校依其歷史、資源、特色及社會需求，將其明確定位，例如依加州大學系統分類有：教學型、研究型、社區學院等等。

範例──崑山科大願景及桌巾理論

崑山科技大學願景

一、總目標

㈠核心價值

是一所提供安心學習、優質教育的一流學府。

㈡核心目的

培養學生具有快速學習暨清晰思考的能力。

二、計畫目標

㈠在教學方面

1.透過課程結構的設計，並經由精熟學習，以厚植學生的專業核心能力（教務、系所）。

2.編訂各學科教學計畫，使學生了解各學科之學習目標及標準，進而達成學科間縱橫的連繫（教務、系所）。
3.運用評量多元化及高爾夫計分法的概念，突破傳統考評，使學生對其較喜好的學科能歡心學習，對學習有困難的科目能安心學習（教務、系所）。
4.妥善運用導師時間、社團活動等時段，使之成為學生在校期間的重要潛在學習課程（學務、教務）。
5.實施通識教育中能指引出何謂「正」——高的標準，亦能透過對「美」的認識，而提升其境界（教務、通識、系所）。

㈡在研發方面

1.研擬各系所、院、校之發展重點，將人力、物力、財力有效集中，以便能與社會、南科等等企業攜手合作（技合處、系所）。
2.透過育成中心，讓企業認養研發實驗室（技合處、系所）。
3.鼓勵教師將研發成果之論文或作品，在國際所認定的學術期刊發表或申請專利以確保權益（人事、系所）。

㈢在服務方面

1.協助社區青少年身心成長（學務）。
2.提供各重點研究中心之重要設備，為社會辦理技術服務（技合處、系所）。
3.提供在職人員充分進修的機會，扮演一所全民大學的角色（進修部、系所）。

三、崑大圖像

崑大的教師，對學子之教誨，
有如曾文溪水般，長流不息；
它滋潤了嘉南平原，亦洗淨萬物的污穢。
在綠意盎然幽靜的校園中，
師生透過安詳對話，探討新知；
除了追求經濟發展的技能外，
同步地亦重視自然環境的保育。
學校透過課程規劃，
專業課程，由專精到觸類旁通；
通識課程，能擴大到專業學習成效；
進而達到究天人之際，通古今之變的境地。
崑大人具有行為謹慎、追求正義（真）、
剛毅（善）、自制（美）四大德的幸福之人。

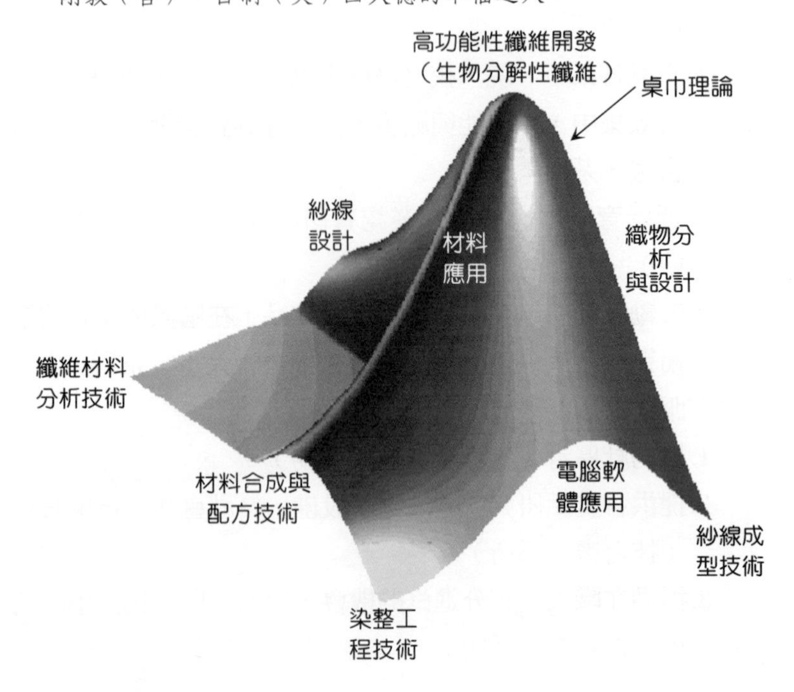

三、脈動速率（Clock — Speed）

㈠為了能保持辦學的活力，務必藉助一些工具，例如：戴明循環（CAPDCA）：檢討（Check）、改善（Act）、計畫（Plan）、執行（Do）；或是西格瑪曲線——經由準備期、發展期到貢獻期，在未達到貢獻最高峰時，有第二條S曲線接替，如此持續不斷。

㈡實例——崑山科大年度計畫

年度工作重點計畫

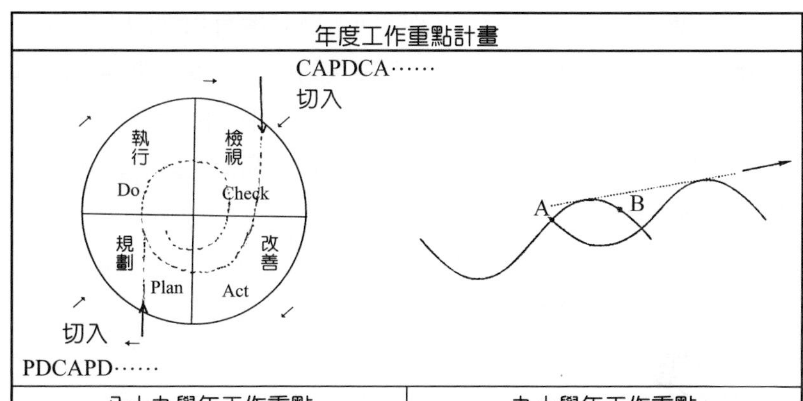

八十九學年工作重點	九十學年工作重點
・依課程結構及各系特色設計個自課程 ・統整各項教育宣導活動 ・校園景觀之整體規劃 ・建立各系研發重點及特色 ・透過寬頻園區將研發重點與企業相結合 ⋮	・擬定簡單明確的學科教學目標及各科標準 ・落實教育宣導活動 ・依據校園之規劃擬定細步計畫 ・促使各系之教學研發重點與寬頻相結合 ・促使現有之研發中心爲社區（企業）開設短期課程 ・擬定校園無線上網計畫 ⋮

四、安心學習及歡心學習

「有教無類」之具體有效措施，便是目前各國執行的義務教育，它不但是來者不拒，並且是強迫式的一定要入學及就學。然而針對多元的社會、多元的智能狀況下，如何有效地提供一套作法去實現「因材施教」尚待努力，高爾夫計分法似乎可解決此一困難。高爾夫計分法之推動，首先要妥適地去定義何謂「公平」——意味每個人在現實可行的範圍內，應該擁有相同的「與眾不同的機會」，給與起步較慢的人多幾次的機會；反過來說，給與初期能充分掌握機會的人鼓舞。依以上「公平」的意義，要如何給與每個人相同的與眾不同的機會，可藉助高爾夫計分法，此法之重要精髓有四：

㈠目標清楚（球洞、旗桿）

㈡標準明確（標準桿數及距離）

㈢差桿計分（自我比較）

㈣放鬆（全身）

第一項目標清楚，是教育界過去一直十分重視的事，然而一般教師可以把該年及某學科的目標記住，但卻忘掉了總目標（例如：學歷史是要使人變得更聰明，而不是背誦單一的朝代、人物等之變化等等），也就是說目前的狀況是見樹不見林。再則目標之陳述過於細微，且面面俱到，反而失去方向。第二項標準明確是能力本位教學的精神，然而在國內教育行政單位將能力本位僅限於技術科目，而未能有效推展。第三項差桿計分便是所謂「與眾不同的機會」。對於學生不擅長的科目，可給與多次的機會，直到其真正了解為止；而喜歡的科目，則能在沒有憂慮之下，歡心地投入更多時間、精力學習。最後要求放鬆，這正是校內設置輔導中心的緣由。將此四項整合後，正好符合高爾夫的精神，故名高爾夫計分法。

五、課程設計

㈠心理學家嘉德納在《超越心靈教化》（民84）一書中，提到學習有三種：

1. 模仿學習：幼兒從長輩、兄長模仿而學到許多東西。
2. 傳統學習：易子而教，即是將孩子送到學校學習。

如孩子的學習只有前面二者，當他離開學校一段日子後，其對事物之了解會回到幼兒般的狀況。唯有經由第三種精熟學習，方能將他人的觀點變為自己的想法。因此文中提出一套「歷程式套裝課程」，學習者經過較廣泛之涉獵，到學程專精（套裝）至統整各學科的知識，最後透過專業科目通識化，而達能深入淺出地詮釋其所學。如此學校之組織形態始能提升到教導型的組織。

(二)實例：崑山科大的歷程式套裝課程

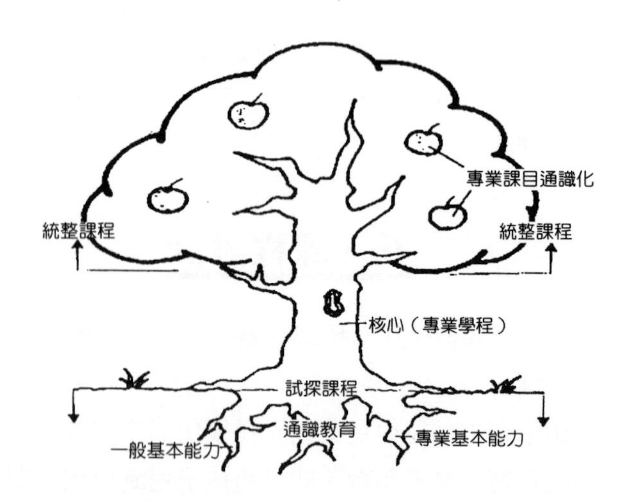

1. 有部分學科屬於「核心」，是學習專業的主要憑藉；其他學科對核心產生均衡作用。

2.「核心」即是學程專精。

崑山科技大學應用纖維造形系四技部
專門學程開課架構圖

試探課程	纖維材料概論	纖維工業概論	圖學㈠㈡		電腦繪圖	纖維造形概論
	3/3	3/3	3/4	3/4	3/4	3/3

上列試探課程為系訂必修科目，每科須修畢，總計 18 學分 / 21 小時。

<table>
<tr><td rowspan="9">學程專精課程</td><td colspan="8">材料學程</td><td colspan="6">造形學程</td></tr>
<tr><td colspan="2">微積分</td><td colspan="2">物理</td><td colspan="2">化學</td><td colspan="2">材料科學與工程</td><td colspan="2">設計與創意</td><td colspan="2">織品與空間設計</td><td colspan="2">印染工藝㈠㈡</td></tr>
<tr><td colspan="2">3/3</td><td colspan="2">3/3</td><td colspan="2">3/3</td><td colspan="2">3/3</td><td colspan="2">3/3</td><td colspan="2">3/3</td><td>3/3</td><td>3/5</td></tr>
<tr><td colspan="2">纖維理化</td><td colspan="2">織物設計與分析㈠㈡</td><td colspan="2">化纖程序</td><td colspan="2">高分子化學</td><td colspan="2">纖維藝術創作</td><td colspan="2">織物設計與分析㈠㈡</td><td colspan="2">專題製作㈠㈡</td></tr>
<tr><td colspan="2">3/3</td><td>3/4</td><td>3/4</td><td colspan="2">3/3</td><td colspan="2">3/3</td><td colspan="2">3/3</td><td>3/4</td><td>3/4</td><td>3/4</td><td>3/4</td></tr>
<tr><td colspan="2">高分子物理</td><td colspan="2">有機化學</td><td colspan="2">紡織程序</td><td colspan="2">染整程序</td><td colspan="2">造形原理</td><td colspan="2">人體素描㈠㈡</td><td colspan="2">應用色彩計畫</td></tr>
<tr><td colspan="2">3/3</td><td colspan="2">3/3</td><td colspan="2">3/3</td><td colspan="2">3/3</td><td colspan="2">3/3</td><td>2/3</td><td>2/3</td><td colspan="2">3/3</td></tr>
<tr><td colspan="2">纖維製品分析</td><td colspan="2">纖維複合材料成型</td><td colspan="2"></td><td colspan="2"></td><td colspan="2">編織與手工具學㈠㈡</td><td colspan="2">設計繪畫</td><td colspan="2"></td></tr>
<tr><td colspan="2">3/3</td><td colspan="2">3/3</td><td colspan="2"></td><td colspan="2"></td><td>3/5</td><td>3/5</td><td colspan="2">2/3</td><td colspan="2"></td></tr>
</table>

上列學程專精課程為系訂必修科目，每科均須修畢，總計 90 學分 / 109 小時，其中材料學程 45 學分 / 47 小時，造形學程 45 學分 / 62 小時。

統整課程	應用纖維研討課程	專業專題㈠㈡
	2/2	1/3

上列統整課程為系訂必修科目，每科均須修畢，總計 4 學分 / 8 小時。

<table>
<tr><td rowspan="13">專業選修課程</td><td colspan="5">材料學程</td><td colspan="5">造形學程</td></tr>
<tr><td>＊紗線設計</td><td>＊特殊織品設計與應用</td><td colspan="2">＊織品影像處理</td><td>＊電腦輔助織物設計</td><td>＊流行與設計</td><td colspan="2">＊行銷學</td><td colspan="2">＊電子商務</td></tr>
<tr><td>3/3</td><td>3/3</td><td colspan="2">2/3</td><td>2/3</td><td>3/3</td><td colspan="2">3/3</td><td colspan="2">3/3</td></tr>
<tr><td>儀器分析</td><td>應用力學</td><td colspan="2">物理化學(一)(二)</td><td>工程數學</td><td>視覺傳造設計</td><td colspan="2">形態學(一)(二)</td><td colspan="2">人因工學</td></tr>
<tr><td>3/3</td><td>3/3</td><td>2/2</td><td>2/2</td><td>4/4</td><td>3/3</td><td>2/2</td><td>2/2</td><td colspan="2">3/3</td></tr>
<tr><td>分析化學</td><td>材料力學</td><td colspan="2">工廠管理</td><td>設計與創意</td><td>藝術與文化精神史</td><td colspan="2">專業英文(一)(二)</td><td colspan="2">服裝設計概論</td></tr>
<tr><td>3/3</td><td>3/3</td><td colspan="2">3/3</td><td>3/3</td><td>3/3</td><td>2/2</td><td>2/2</td><td colspan="2">3/3</td></tr>
<tr><td>工程熱力學</td><td>高分子加工</td><td colspan="2">特殊纖維材料</td><td>纖維理化實驗</td><td>展示設計</td><td colspan="2">工業設計</td><td colspan="2">商用英文(一)(二)</td></tr>
<tr><td>3/3</td><td>3/3</td><td colspan="2">3/3</td><td>1/3</td><td>3/3</td><td colspan="2">3/3</td><td>2/2</td><td>2/2</td></tr>
<tr><td>紡織實習</td><td>染整實習</td><td colspan="2">纖維製品分析實習</td><td>纖維複合材料成型實習</td><td>公關策略</td><td colspan="2">攝影</td><td colspan="2">複合材造形(一)(二)</td></tr>
<tr><td>1/3</td><td>1/3</td><td colspan="2">1/3</td><td>1/3</td><td>3/3</td><td colspan="2">2/3</td><td>3/4</td><td>3/4</td></tr>
<tr><td>化纖實習</td><td></td><td colspan="2"></td><td></td><td></td><td colspan="2"></td><td colspan="2"></td></tr>
<tr><td>1/3</td><td></td><td colspan="2"></td><td></td><td></td><td colspan="2"></td><td colspan="2"></td></tr>
</table>

上列專業選修課程，總計 100 學分／ 118 學分，其中註記＊號者為共同選修課程，計 18 學分／ 21 小時，材料學程專屬科目為 41 學分／ 53 小時，造形學程專屬科目為 41 學分／ 44 小時，畢業前各學程學生至少應修畢 30 學分，其中料學程學生實習、實驗課程不得少於 15 小時。

六、結語

現在大學學生的年齡分布為十八歲至二十二歲左右，學費由父母支出或貸款繳付，教學均在教室內進行等等，此一種為學習而學習的形態能維持多久？如依管理大師彼得杜拉克的看法，最多只剩下二十年的壽命。在此求新求變的時代，大學亦應有不變之處，那就是可使之永續存在的核心價值及樹人的工作，樹人的工作一則是在專業知識方面能具觸類旁通的能力；二則其一般知識之取得使之樂於學習，進而終身不斷學習，達究天人之際，通古今之變的境界；三則所謂品德涵養之磨練，是透過潛在學習逐步實現。亦就是說學校應是一所「以德育為重，將德育融入其他四育之中，五育並進」的全人教育場所。

七、參考文獻

詹姆斯・柯林斯、傑利・薄樂斯（民 90）。**基業長青**。台北：智庫。

嘉德納（民 84）。**超越教化的心靈**。台北：遠流。

附錄五　高爾夫計分法

陳偉民

一、前言

過去一般人常陷入高品質的迷思中，認為高品質的產品定係手工打造，少量生產。例如：瑞士手錶，是由一批獨具慧心的精熟匠師巧手精緻打造，所以成為高品質的代表；又如世界公認的頂級朋馳（BENZ）汽車亦然。但是由於現代市場的自由開放，相互競爭，現今已有多款型式的汽車已可與其媲美，像日本豐田汽車 LEXUS，甚至超越德國產的 BMW 和 BENZ 汽車。令人驚異的是，這種高品質的汽車並非純手工打造，而是在無人工廠中量產製造。在整個高品質產品的製造過程中，亦可透過電腦程式設計，利用彈性生產系統（F. M. S.），只須修改其中部分指令，樣式立即產生變化。以往一直深植人們心中，認為高品質產品必與人的巧手及少量生產甚至獨一無二有關，今日卻已經由於管理概念的改變而產生重大的變革。

二、「公平」與「公正」——高中入學（弱勢族群）

一般國人均認為入學考試——過去聯考、現今兩階段等多樣的方式是公平的；學生在學校中的考試——老師將分數以常態曲線呈現學生的成績是公平的。其實這並非真正的「公平」，充其量只能涉及「公正」的某些膚淺層面而已。所謂「公平」的定義應是：每個人在現實可行的範圍內，應該擁有相同的「與眾不同的機會」——給與起步較慢的人多幾次機會，反過來說，也讓初期能充分掌握機會的人得到鼓舞。其所造成的結果是：人生贏的機會應該比輸的機會多，可是現在許多人的一生中，卻是輸的機會比贏的機會多。很多學生從小到大，每一次考試就有輸的感覺。由於聯考只考一次，現行學力測驗亦只考一至二次，對弱勢族群如何給與更多的機會，當是國人應該深思的課題。

通常學校裡的考試，都會規定某日的某一時段，有同樣的考題和同樣的標準答案，所以從過去到現在，學校老師都只在做「公正」的處理，對於學習成績，很多學生只追求能夠達到及格的了解，並非全部真正了解其所學；聯考也是如此。因此聯考也只能說是「公正」的考試而已，因為它並沒有對哪個學生特別好或特別不好。

台灣省教育廳曾針對殘障青年報考高中聯招做過一次檢討，當時每年被錄取的殘障青年人數都「掛零」。這樣的結果是不是讓人有望梅止渴的假象？政府一方面鼓勵殘障青年就讀高中，一方面卻讓殘障青年沒有入學就讀的機會。經檢討後了解，殘障青年在進入高中的標準上，有不公平的現象。以某省中為例：該校每年聯招招考五百名學生，則以被錄取的最後一名學生成績打八折，做為殘障學生的錄取標準。這樣的錄取方式，根據的理論是什麼？既然打八折可以，打七五折或六折可不可以？……所以此種招生方式，嚴格來說只是「公正」而非「公平」！以「公平」而言，它應該給殘障同學不同的機會。若一般考生有五百個名額，對殘障青年亦能提供固定名額，如：五至十名，如此一來，他們就只跟自己的族群比較，才有機會進入一般高中就讀，這才較符合「公平」的定義。後來有一年的大學聯考，一名腦性麻痺的學生考上狀元的消息，令人印象深刻，在以前這些學生根本無法進入高中就讀，但是現在他們終於有機會進入大學讀書。國內很多年輕的孩子，在學校學習情緒低落，學習成效不彰，或因家庭的因素，或因老師的因素，而無法繼續讀下去；但是有機會到了美國以後，書卻讀得很好。這難道是孩子笨嗎？或是孩子不會讀書？相信都不是，而是該問問學校或老師是否給了他們應有的機會？

三、全面品管與高爾夫計分法

日本的 LEXUS 車子能夠與德國 BMW 或 BENZ 汽車競爭，其中一個重要的原因係為遵循戴明所提出的全面品管（T. Q. M.）系統之故。戴明提出這種全面品管的管理方法，即使在無人的工廠中亦能製造最高品質的汽車產品，而獨霸汽車市場。故在教育系統中，若能以宏觀的胸襟來檢討，學校在教學上應能引入「高爾夫計分法」，就如企業引入全面品管一樣，期望能破除過去校內考試的錯誤認知，真正落實以「公平」取代「公正」的方法。有關高爾夫計分法的主要精神簡述如下：

㈠放鬆：打高爾夫球時，要求全身放鬆，由頭、手、腰至全身各處，均強調以放鬆的心情打球。

㈡目標：打高爾夫球時的目標相當清楚，人站在發球台上，望著遠方果嶺上的旗桿，朝前方球洞打去。

㈢標準：每一洞的標準桿數十分明確，發球台與球洞的距離也有清楚的標示。

㈣差桿計分：高爾夫是每洞打過之後，如高於標準桿數，還可以再打，不會被淘汰。今日打了十桿，明日可能進步到八桿，而後達到標準桿，還期望低於標準桿，甚至一桿進洞；今日成績不佳，明日再來，不斷地做自我比較。

依上述原理，教學中各學科之目標及標準，必須事先讓學生了解，並透過自我的成長超越這些標準——真正了解其所學。

四、多元評量—因材施教

㈠評量方式

在教學的過程中，評量的方式一直影響著學習者的學習模式。傳統評量重視紙筆測驗，老師的教學法更以記憶及機械式的練習為主。又如：美國的孩子晚上撰寫報告，尚包含設計插圖、封面，他所追求的不是會了沒有，而是是否滿意（包含自己及他人）；而台灣的孩子卻為明天的考試開夜車，讀到晚上一、二點鐘，又常因考題的怪異，使得成績不理想。美國的孩子是將自己最得意的作品（報告）交出去，台灣的孩子卻一次又一次地嘗到失敗的苦果。因此教師不應拘泥於單一的評量方式，可採多樣方式進行，諸如：筆試、口試、交報告、實際操作、實驗……均可。教師採取不當的評量方式，導致學生成績不佳，失去學習信心，這顯然不是自然法則所造成的結果，而是評量方式使然！這種方式造成學生輸的機會比贏的機會多，沮喪的狀況一直延續下去，將來到社會上，就不可能再激發起創造力，這將是我們社會的隱憂，也是教學評量不當所造成的嚴重後果。

㈡教學目標是否清楚

曾有一位省級民代在質詢教育廳首長時說：「他的孫子質疑課本內容：為什麼花木蘭在軍中生活數十年，竟然沒有人知道她是女兒身？這種教科書的資料顯然有錯誤。」當這種問題出現時，我們是否應當深思：「文學的目標是什麼？文學可以說是對人生的奇思妙想。」如果國文是要學習這種目標，可以讓孩子自己思考，假使他現在是花木蘭，要如何隱瞞女兒身？所以目標明確清楚實有助於教學活動的進行。又如：歷史教學，教師如果只強調人名、地名、年代或戰爭諸如此類的教材，就會有學生學了歷史課程，卻分不清時代、年代，竟然說出：「張飛跟岳飛打仗」這種人、事時空錯亂的話。因此繁複不清的教學目標，只會使得學生對歷史課程缺乏興趣。西方哲人培根曾言：「歷史讓人可以變得更聰明」。以目前此種教學內容是否可以促使學生變得聰明？實值得吾人深思。多數教師認為他所教的科目內容層面涉及十分廣闊，實不易以簡要文字來描述，例如：一般教「熱力學」的老師認為，其教學目標必定要長篇文字方能描述，其實「熱力學」的目標，可明確簡要地描述為「探討能量及能量轉換的科學」這短短十二個字；又如「物理學」為「探討質與能交互作用的科學」也是十二個字，便能清楚扼要地列出目標。所以教學目標務必簡要清楚，對學生學習方能有所助益。

㈢缺乏公平

國內現行考試制度並未給學生不同的機會。有一次全國各大學機械系主任開會，當時藝人蘇有朋正從台大機械系辦理休學，經詢問在座各校系主任：「有哪個學校願意讓蘇有朋去就讀，並保證他四年後絕對可以順利畢業？」結果沒有人願意接受。系主任們說：「蘇有朋不喜歡讀書啊！」其實是蘇有朋不喜歡讀學校所提供的書。如果蘇有朋的性向為音樂，若可以將音樂和機械的教材相結合，他就能愉快地在學校讀書了！乍看之下，要將粗獷的機械和精緻的音樂加以融合，似乎可能性甚少，但以媒體上的冷氣廣告為例，它強調——靜音、省電 。靜音追求的是沒有噪音，如何消除噪音是探討振動頻率的問題，振動頻率造成耳朵不喜歡的聲音即是噪音，喜歡聽的聲音就是音樂，所以機械和音樂兩者是可以結合的。

但系主任們強調此法不可行，因為機械系有很多必修科目，如：工程力學、應用力學……等。然而當時是教育部規定必修科目，但沒有訂科目大綱，因此，可將科目訂為「應用力學」，教材內容可以是「應用力學與振動」，即可解決此一問題。但系主任們仍然認為行不通，表示缺乏這方面的教材。吾人應知：大學教師除了教學之外，還要做研究，自編教材，今日若能自編應用力學與振動的教材，十年之後，將成為這方面的專家。系主任們仍持反對態度，說：「全班只有一個蘇有朋，如何上課？」其實可採英、德教學法，如教「應用力學」這門課，可將教學大綱、進度表、教材，全部交給蘇有朋，讓他自學，然後再和教師討論，這樣就可解決教學上的問題了！所以教師在教學歷程中，必須深入思考要給學生怎樣的教材；教師在設計教材時，更需要了解這門課要給學生的是什麼，並顧及每個學生的差異性，此即「因材施教」。就如同給蘇有朋的教材是「應用力學與振動」，而和其他同學有所區別的道理。因此能了解學生的差異，給學生不同的機會，符合他們的需求，才能達到真正的「公平」。

㈣責任——學生或老師

學習成效的責任到底是在學生或老師？學生沒有學好，多數老師就說學生還不夠用功，將責任推給學生。教學過程中，教學目標、成績評量標準是否清楚？如果不清楚，教師不應將責任推給學生。評量並非只針對學生是否學會，更重要的，是評量教師是否把該講清楚的教材講清楚？老師必須將教材講解透徹，讓學生了解清楚之後，針對學生應該懂的部分進行評量，測驗學生該會的學會了沒有，才算是盡到了教學的責任。

諾貝爾物理獎得主費曼（Feynman）教授認為：教學的第一件事是先想清楚，為什麼要求學生學這一門課。歷史學家吉朋（Gibbon）亦曾說：「教師教導的功夫，除了在教學雙方歡愉的情況下，成效極少顯現，然而一旦這種暢快的授受過程成為事實之後，教學功夫也就庶幾成為多餘的了。」他們兩人的話，值得玩味深思。

㈤如何訂標準

標準之訂定須靠學習常模之建立。為了立即推動本項措施，建議如下：高爾夫計分法的希望標準值是八十至八十五分之間，教師要求學生的標準不僅是及格而已，而是必須真正了解。假如本次考試，班上學生的平均分數偏低（低於八十至八十五分），則顯然題目有偏難情況；反之，平均分數高於八十至八十五分之間，則題目可能太簡單了。故希望考試之後，如所呈現的常態曲線有偏難或偏易的狀況，要重新再考，直到平均成績達到八十至八十五分為止。如果有學生第一次即達八十至八十五分以上，老師可以對該學生加分鼓勵；分數在八十至八十五分以下者，可以用同樣的題目再考一次、二次，直到超過八十至八十五分為止。第二次考試結束後，如有學生仍然未達標準者，再給學生第三次機會，教師也可採用其他評量方式，如：採口試、報告……等方式，一直讓學生達到八十至八十五分的標準為止。教師在命題時，應注意學生應該學會的知識，而不只是以六十分及格為滿足。如果該學會的知識似懂非懂，學生就仍停留在所謂的傳統學習階段，等到學生畢業離開學校，經過一段時間之後，就可能將所學的知識遺忘殆盡。為了讓學生能夠達到八十至八十五分的這種標準，學校應將每一位學生帶到同一個標準以上，對於成績差的學生，應該多給幾次機會，實現「公平」性的真正意義。故高爾夫評量的目標是：要求每一位同學必須達到一定的標準才能畢業；有朝一日，待學生畢業進入社會後，個個都能達到精熟學習的標準，真正具有專業的各項能力，服務貢獻於社會。這也是我們教師應努力的方向之一。

五、最後的評分（先達到與後達到）

過去的考試，老師習於將考題出得相當艱難，當出現全班學生都考不及格的情形時，老師常採用「開平方乘以十」的方式計分，而大家都認為這種方式合理。為什麼用公式計算就合理，沒有公式計算就不合理？其實對於學生的成績評量，老師只要有原則都是合理的。所以考試先達到中高標準（八十至八十五分）者，教師就給與適度加分的鼓勵，學生如果第二次考試才達到中高標準者給八十分，而第三次考試才達到中高標準者給七十分，但他們的程度均達八十分。如此一來，評量的分數仍可有高、低之別。

六、結論

有一則報導說，美國政府希望他們國家的人民「有錢的人能歡心的生活，窮人能安心的生活。」過去有錢人穿名牌的衣服，沒有錢的父母親則自己動手做衣服；而現在窮人也有GIORDANO或 HANG TEN 的名牌可以穿，不管有錢或沒有錢的人，大家都能穿有品牌的衣服。學習不同科目也可以是如此，人們願意花時間在喜歡的事物上，不喜歡的事物花的時間較少，但目前有些學生即使是自己喜歡的科目，也無法多花時間。有很多學生對電腦資訊有興趣，但當他全心投入後，其他科目幾乎全被當掉。因此學校應改變學生的認知，對這樣的學習心態應該加以導正。學生進入大學就讀，除了學習通識科目之外，就是追求專業精熟能力，要將自己的專長凸顯出來，所以應該讓學生在學校裡，將喜歡的科目歡心的讀下去，不喜歡的科目也能按部就班安心地去學習，讓每個學生都具備一般能力與專業能力，這是身為教師應該思考的問題。

教師常認為一班有五十位學生，其個別差異之情況實無法採取個別教學。譬如：教師為讓學生學習分工合作採分組教學。但老師一定會遇到同組學生中，有學習較認真或較不認真者，此時老師是否可給與同組的學生一樣的分數？如果給相同的分數，老師就應事先向學生清楚說明分數相同的原因。例如：美國哈佛大學對剛入學的學生，第一年一定是採用分組教學，分組的結果，如有學生不滿意，要求老師換組，學校一概不同意。他們告訴學生，將來畢業出去，所面臨的社會就是這樣，有很多不同的人在一起工作，不可能是相同喜好的人在一起合作。現在有人用功，有人不用功；有人讀得多，有人讀得少一點，大家必須互相支援。如何把表現差的組員提升起來也是一種能力，若能提升表示支援能力夠；無法提升，分數就會減少，顯示在這方面的能力要多加強。

大家均說：「台灣沒有一流的大學」，而《中央日報》也曾報導過世界十大名校，其只要在教學上很特別，就能被世界所肯定。當初柏林大學的成立，就是因為德國外交官洪博德發現法國巴黎大學的水準是德國任何一所大學都望塵莫及的，後來掌握了拿破崙管制大學發展的時機，他立即回國創立了柏林大學，將柏林大學從教學提升到開發新知的層面，奠定了柏林大學的基礎。

因此現今只要能真正落實高爾夫計分評量法，學生的學習標準必須達到學校的中高標準才能畢業時，將來學生要有突出的表現，將是一件很容易做到的事，而國內大學的教學就能顯現不凡的成效。一旦學生能對自己喜歡的科目歡心學習；而老師的精力亦能放在協助學生學習有困難的科目上，讓學生安心學習；再透過高爾夫計分法的實施，達到老師所認定的中高標準，相信國內的大學就能在世界上成就足以傲人的教學方法——安心學習、歡心學習。

教育願景 20

教育樂章

作　　者：陳倬民、連添財
執行編輯：何采芹
總 編 輯：吳道愉
發 行 人：邱維城
出 版 者：心理出版社股份有限公司
社　　址：台北市和平東路二段 163 號 4 樓
總　　機：(02) 27069505
傳　　真：(02) 23254014
郵　　撥：19293172
E-mail：psychoco@ms15.hinet.net
網　　址：www.psy.com.tw
駐美代表：Lisa Wu
Tel：973 546-5845　Fax：973 546-7651
登 記 證：局版北市業字第 1372 號
印 刷 者：玖進印刷有限公司
初版一刷：2003 年 9 月

定價：新台幣 250 元

ISBN 957-702-623-0

國家圖書館出版品預行編目資料

教育樂章 / 陳倬民, 連添財著. -- 初版. --
臺北市 : 心理, 2003[民 92]
面 ; 公分. -- (教育願景 ; 20)
參考書目:面
ISBN 957-702-623-0(平裝)

1. 教育

520 92015601